心理投射技巧分析

——心理圖解手冊

KINETIC-HOUSE-TREE-PERSON DRAWINGS (K-H-T-P)

An Interpretative Manual

Robert C. Burns／著

梁漢華・黃璨瑛／譯

中文版序

很榮幸我這本關於圖畫的著作譯成中文——基於形象的一種奇妙語言。

房子—樹—人（H-T-P）是一種古老的「投射技巧」。傳統的作法是把房子、樹和人分別畫在三張紙上。而動態—房子—樹—人（K-H-T-P）技巧是要作畫者把三個圖形畫在同一張紙上。與此同時，作畫者還要把動作加在圖中。

動態是「由動作促使」的意思。在動作之中創造出情感。一位偉大的書法家可以用筆觸描繪出美和情感，但如果他的信息不是用畫的，而是用打字打出來的，我們就不能知道書法家的感情。正因如此，K-H-T-P允許房子、樹和人之間的每一個份子互動的詮釋。K-H-T-P被認為是生動的，箇中的物件都被看作是動詞而不是名詞。由於道家思想的傳統，中國人對於大自然的美是敏感而又精於表達的。他們熟知並讚嘆樹和所有有生命的、活動的物件。利用熱愛自然的能力去更了解一個人的內在生命是一項值得探索的工作。

在K-H-T-P我們強調的形象語言是：

1. 樹描繪作畫者的生命力量和他的能量水平。卡羅鍾（Karl Jung）說，一棵樹畫出作畫者的心理成長。樹的

圖可以提供實用的信息。例如一個人畫一棵枯死的樹或一棵快死的樹，表示他不適合動大手術。生命的源頭正在減弱，而那病人可能無法在手術後存活。很多樹之於房子和人的意義都會在這兒討論到。

2. 人的圖可以反映自我形象。人與房子或樹的相對位置可以告訴我們很多關於作畫者的資料。人像的意義以及人與房子和樹的互動在這兒會有解釋。

3. 房子可用作庇護的堡壘。房子可能是歪斜的或支離破碎的——有嚴重健康問題的人所畫的一種風格，因為房子反映出「我們所住的房子」，也就是身體。很多房子沒有門、沒有把手或入口，這是代表拒人於外。一道寬闊的走道通往入口處，反映出一個人歡迎別人進入他的空間。

優美而細膩地欣賞自然的美是中國文化的一大特徵。假若這樣的研究能夠集中在我們內在的「人類本質」，自我了解的程度將會邁進一大步。所有民族都有樹、房子和人。研究這些共相的圖畫以及它們的互動可以幫助我們更領悟「人類本質」。

個別的房子、樹和人的意義以及很多相關的變異因素都會在本書中敘述。連同既有形象語言的悠長歷史，這是一個中國人能夠學習而精練的技巧。透過動態圖畫了解個人的方法，中國人可以發揮其領導地位。

　　圖畫描繪一個形象語言——一個非常接近中文的語言。這K-H-T-P形象語言必須經由學習才能了解。這是一種共通語言，只有少數人懂得，但懂得的人不斷增加。願這本書能作為學習K-H-T-P投射技巧形象語言的入門書籍。

Robert C. Burns

推薦序

　　由多產而富於創造力的羅勃柏恩斯博士（Dr. Robert C. Burns）提出的一項新的測驗，將會廣泛受到臨床工作者的歡迎，而他們所用的測驗庫早已因柏恩斯博士的動態家庭圖（K-T-P）測驗而變得充實有生氣。那些一向熱衷使用房子─樹─人（H-T-P）測驗的人，和一小群單單心醉於使用樹測驗的心理學家，應該發現這本書值得關注。把房子、樹和人組合成單一一幅圖的概念，雖然有幾位臨床工作者應用過，但從沒有記錄下來。當給予慣性的指示時，當事人或病人會在他們的圖畫中加插「某些動作」。在很多情況下測驗變得有生命力，並且能夠提供一項新而重要的層面，正如柏恩斯博士的動態家庭圖原著一樣。

　　幫助心理學家和醫生明白有關自我情緒和感受、生命中個人角色的觀念以及與人事之間的關係，富於想像力和詮釋的圖畫開始越加受到歡迎。目前這不單用於有情緒困擾的病人或個人，亦可用於身體有嚴重疾病的人。臨床工作者發現這個方法有幫助，並且毫無疑問的歡迎這本活潑的書所帶來豐富詳盡的細節與實例。

　　對於我而言，本書最強的一章是那反映出柏恩斯博士對於圖畫的詮釋，也是他個人最特別的貢獻。這一章是「K-H-

T-P 圖的動作」。正如在羅薩克墨跡測驗和柏恩斯博士其他類型的動態圖畫測驗中，動作反應能成為了解一個人內在生命的豐富的重要線索，亦可反映出一個人本身內在工作、幻想和意象的可理解性。你可期待在本章中各樣動作的例子是實際而有用的。

　　事實上大多數柏恩斯博士所舉的例子都非常活潑有趣，但常常是暴力而不尋常的，這些很明顯是由一些病得很嚴重的人所畫。誠然，作者清楚說明，他寫這本書的一個目的是要示範他的個別家族治療一項新測驗的用處。利用這不尋常性有它的好處。高非（Goethe）揚言這是一個畸變的時刻，大自然要啟示其最重要的秘密。因此所描述和形容的不尋常個案肯定有其重要性和影響力，甚至對於其他人亦然。柏恩斯博士的學生和追隨者很有可能將這特別研究應用在更年輕和「正常」的人口。

　　作者在這本書裡面所探討的，是依據亞伯拉罕馬斯洛（Abraham Maslow）的發展階層理論中的行為表現。但是很多兒童工作者都受益於一般發展理論模式。所以，（樹木的）節孔、鳥巢、松鼠囤積堅果，以及各種類型的樹幹、樹根、樹冠在幼童成熟時顯得有預測性。柏恩斯的模式如果能把單純的不成熟度具體化的話會更加有用。因此一個節孔可能表示不成熟，正如一個人的生命中有部分朽壞一樣。

　　我肯定柏恩斯本人會警告初學這套技巧的人，不要期望每次用它都有奇蹟出現。有些人對任何投射性技巧幾乎是麻木

的，特別是對柏恩斯任何一項動態技巧，這可以從他們告訴我
們有關這個議題的多寡可以知道。但是其他人可能對此有反
應，或者對任何類似的技巧失望地無動於衷，沒有一個測驗是
神奇的。重要的是初學者要牢記這個事實。

還有，正如柏恩斯指出：「正因為我們在投射技巧中尋找
病理和負面，所以我們找到了。或許我們要尋找正常和成長，
我們亦可能找到。」我們在積素（Gesell）研究院的發現正是
如此。我們發現在成年人的某些反應是病態的，但對於某階段
的兒童是蠻正常的。為了這個原因，我們喜見在K-H-T-P測驗
中利用可預測性的正常受測者，在K-H-T-P測驗中實行發展理
論研究（馬斯洛式以外的發展理論）。

這是一本有高度創作性和鼓舞人心的書，希望可以作為啟
發而不是真理。讀者要知道，作者的意思是他引人入勝但又不
尋常的詮釋都屬可能性的，而不是事必如此。希望讀者不要把
他的某些詮釋過分照字義解釋。

這個方法也許在某些情況下，作為一項投射測驗能給予讀
者和業者和受測者同樣多的影響。有很多人會受這本書的刺
激，而立即把這項測驗的態度納入自己的測驗庫裡，但也有人
對於作者很多無根據的詮釋會感到疑惑或甚至不相信。我們的
前總監法蘭西意加博士（Dr. Frances L. Ilg），一個樹測驗的愛
好者，會被這書吸引。但有些人就反應得較保守。對於很多業
者來說，使用和詮釋K-H-T-P是一項真正的挑戰。

我覺得要成功地詮釋這項新測驗，是需要具有高度想像力

和創作性的臨床工作者，而且不怕無常和勇於幻想。對於這樣
的人，它將會有無可置疑的感染力。K-H-T-P測驗歡迎已成功
地使用H-T-P、樹測驗或動態家庭圖的人把它加進他們的測驗
庫中。我們歡迎這本書加入投射測驗家族。

Gesell Institute 首席心理學家
Louise Bates Ames

原　序

　　這本書與投射畫有關，主要與畫一間房子、一棵樹和一個
人。布克（Buck, 1948）提倡房子—樹—人（H-T-P）時用這
些指示：「我希望你畫一間房子，我希望你畫一棵樹，以及我
希望你畫一個完整的人。」畫房子的紙是橫放的，而畫人和樹
的紙是直放的。這種技巧得出三幅圖和三個獨立的詮釋。H-T-
P目前被廣泛使用；而其指示和詮釋本質上依然無變。

　　侯士（Hulse, 1951）提倡畫一個家庭（D-A-F）。所用的指
示是「畫你的家庭」。這種指示通常得出一串固定、沒有關聯
的形象。柏恩斯和考夫曼（Burns & Kaufman, 1970）提倡動態
家庭圖（K-F-D）。指示是「畫你家庭的每一個人，包括你，
正在做一些事情和某些動作。嘗試畫一個完整的人，不要畫漫
畫或火柴人（譯按：把人或動物的頭畫成圓形，其他部分畫成
直線的畫法）。」D-A-F允許個人、固定、無關聯的形象的詮
釋。K-F-D則得到動作、處理、關係、風格和象徵等等，是D-
A-F固定形象中所看不到的。

　　過去二十年我收集H-T-P圖，我要作畫者把房子、樹和人
放在同一張紙上（Burns & Kaufman, 1970）。用的指示是：
「在這張紙上畫一間房子、一棵樹和一個人正在做某種動作。
嘗試去畫一個完整的人，不要畫漫畫或火柴人。」把寬八吋

半、長十一吋的紙橫放著。

我想分享從一個整體的，房子、樹和人在同一張紙上互動的圖所得到的興奮和領悟。而那些動作、風格和象徵和慣常在H-T-P看到的完全不一樣。

取得一幅統一的圖畫的技術被稱為動態—房子—樹—人（K-H-T-P）。每一幅K-H-T-P都述說一個故事。很多用在K-F-D而發展的分析方法可以應用在K-H-T-P。

我特別感謝我的老師亞伯拉罕馬斯洛。他的高見，包括他的「需求層次」修正後，使我們的K-H-T-P資料更有意義。馬斯洛的開放系統以及它的範圍和發展理論的焦點比起長久應用在H-T-P中，那封閉、死板的佛洛依德系統取得更多假設。

還有，我特別感謝我的兒子卡德（Carter），以他的耐性、投入、愛和技術使這本書得以付梓。

Robert C. Burns

目　錄

第一章
H-T-P 圖及 K-H-T-P 圖：
視覺隱喻與臨床運用

　　也許描繪人類發展最常而通用的隱喻就是「樹」（tree）。
「樹」的隱喻幾乎都用在宗教、神話、宗教儀式、傳說、神聖
文學、藝術、詩詞和解夢。在畫「樹」的時候，作畫者通常會
反映出個人改變的過程。在塑造一個人的時候，作畫者反映自
我（ego）與樹的互動，形成一個更大的隱喻。至於「房子」
（house）則反映出戲劇般的實質面。因此，房子—樹—人（H-
T-P）之間的互動和關係形成一個視覺隱喻，不受言語之限
制。但是，當房子、樹和人（person）的動作和故事沒有畫在
同一張紙上，便不能看出其中的隱喻。

投射畫的歷史

　　十九世紀末人們開始有系統的利用圖畫來了解人類。高依
諾（Goodenough, 1926）探究由童年至青少年之人形圖標準發

展以及由成熟度至智力發展的相關圖畫，他的研究被哈禮斯（Harris, 1963）延伸開來。

布克（Buck, 1948）及翰莫（Buck & Hammer, 1969）介紹和評價 H-T-P 圖兼具發展性和投射性。如祖利斯（Jolles, 1964）所寫的編目就仔細描寫房子、樹和人的特徵。更加近期的有翰莫（1971）把投射圖擴展到臨床應用上。麥可夫（Machover, 1949）提供兒童投射圖詳盡臨床解釋。歌柏茲（Koppitz's, 1968）的發展性投射記分系統及人形圖分析曾廣泛被採用。

侯士（Hulse, 1951）所研究的家庭圖和「畫一個家庭」（D-A-F）技巧亦相當出名。畫一個家庭的指示是「畫你的家庭」。它提供有價值的臨床資料，但通常結果是「僵硬」無互動的家庭「肖像」而已。

動態家庭圖與動態學校圖的發展

為了去面對那「僵硬」的 D-A-F 肖像無互動的問題，柏恩斯和考夫曼（Burns & Kaufman, 1970, 1972）發展出動態家庭圖（K-F-D）技巧，要求畫的人去畫出她或他的家庭「正在做某些事情」。在家庭圖中加入動作，使這些圖畫的質與量增加不少資料。

諾夫和布歐（Knoff and Prout, 1985）在他們最近期的手冊《家庭與學校動態圖系統》中提及，「如果統計心理學家採用

各種圖形技巧、相當數目的書本和期刊文章作為信度和效度的指標，動態家庭圖是最多被採用和普遍的。動態家庭圖在這領域裡有效地擴展了家庭圖的普遍深度。」

布歐和菲利士（Prout & Phillips, 1974）探究學童與動態圖，結果作出動態學校圖（K-S-D），要小孩子畫出一幅相關的學校人物（我、老師和同學）在做一些事。對於動態學校圖近來的研究都包含質（Sarbaugh, 1982）與量的分析，這些研究證明動態學校圖與學校成績相關（Prout & Celmer, 1984）。諾夫和布歐的手冊（1985）把動態家庭圖和動態學校圖濃縮成一幅家庭與學校動態圖系統。

動態圖系統之於投射畫的一些好處已顯明出來，房子—樹—人投射圖技巧被廣泛重視和被臨床工作者採用。布克和翰莫的領先研究亦被推崇。

這些發展和採用房子—樹—人的前輩給予我們啟發和領悟。然而有至少三項因素局限了 H-T-P 的使用和臨床價值：

1. 房子—樹—人的發展和標準化是從精神科病房的「不正常病人」而來，很多 H-T-P 文獻著重它的診斷用途來標示精神病名目，如「器質性、精神分裂等等」。

2. H-T-P 的指示是把房子、樹和人畫在不同的紙上，分開畫這些圖象是不可能看到動作和互動的。

3. 用不折不扣的佛洛依德派模式來解釋 H-T-P，是削弱了所有資料和象徵去迎合這個模式。

指示通常是，「我希望你畫一間房子，我希望你畫一棵樹，以及我希望你畫一個完整的人。」畫房子的紙是橫放的，而畫人和樹的紙是直放的。

K-H-T-P 圖

分別看房子、樹和人是可能看出一些端倪，但是整體看 H-T-P 所顯示的動力更能增加此工具的價值，在這本書裡，H-T-P 是指用傳統指示所取得的三幅圖畫。

在動態—房子—樹—人（K-H-T-P），房子、樹和人是畫在同一張紙上。這張寬八吋半、長十一吋的紙是橫放的。

K-H-T-P 的指示是：「在這一張紙上畫一間房子、一棵樹和一個完整的人進行某種動作。嘗試畫一個完整的人，不是漫畫人或火柴人」。

以下的問題要示範分析一幅 K-H-T-P 人圖時可能遇到的經驗。

這幅圖畫告訴你什麼故事？你的第一印象是什麼？你看到誰以及看到什麼？有什麼事發生？對診所發生的事你感覺如何？這幅畫是溫暖的？還是冰冷的？

這間房子是不是躲避一個敵意世界的地方？這房子是不是破爛、空洞和無能源的？這房子是不是描繪身體的象徵？這房子有沒有描繪出成功及富裕？是一間豪宅嗎？這間房子像一個

家嗎？有沒有跡象顯示住有一個家庭？這是不是一個你會喜歡住的家？

這個人是顯得攻擊性還是敵意？這個人是空白的或是空洞的或是垂頭喪氣的？這個人是活的嗎？這個人顯得誘惑嗎？這個人狀似害羞嗎？有沒有部分肢體是隱藏的或是缺漏的？這個人顯得重要、成功嗎？這個人顯得是反文化的嗎？這個人是溫暖且受養育的嗎？這個人是快樂而充滿活力的嗎？你會想成為這樣的一個人嗎？

這棵樹是生的還是死的？這棵樹是具恐嚇性的或是有敵意的？這棵樹是否脆弱而破爛？這棵樹性感嗎？這棵樹是連成的還是斷斷續續的？樹枝是往上伸展嗎？是往下垂嗎？樹幹的頂端是尖的還是寬的？這棵樹看來是否充滿活力？還是沒有活力的？這棵樹似有保護性嗎？受養育嗎？快樂嗎？悲傷嗎？

這棵樹平衡？這棵樹是否太完美？這棵樹曾經被砍過或受過傷害嗎？樹幹有沒有節孔或疤痕？這棵樹靠向房子嗎？遠離房子嗎？這棵樹有沒有蔭庇房子？蔭庇這個人？如果你是一棵樹，你會喜歡成為這棵樹嗎？

關於這幅圖的能量方面，你注意到什麼？何者能量（體積、壓力、動作）較多？房子？樹？或人？

關於距離，你注意到什麼？這棵樹在房子旁邊嗎？這棵樹遠離房子和人嗎？這個人在樹上嗎？這個人在房子裡面嗎？房子和樹連在一起嗎？房子、樹或人的相對體積如何？這個人與這棵樹有互動嗎？與房子有互動嗎？這個互動是正面的嗎？是

負面的嗎？如果有太陽或月亮，它是在房子上面嗎？是在樹上
面嗎？是在人上面嗎？

　　圖的形態是怎樣的？都排列在紙的底部嗎？或是排列在紙
的頂端？擁擠在一起嗎？個別排列的嗎？排列在邊緣嗎？是鳥
瞰型的嗎？還是密封的？

　　圖畫中每一個組成份子有什麼動作？養育型的？依賴的？
敵意的？死的？活的？支持的？躲藏的？有什麼符號呈現？在
K-H-T-P圖裡的動作、風格、符號怎樣與其他動態圖技巧裡的
動作、風格、符號相關？例如與動態家庭圖或是與動態學校圖
相關？

一些臨床個案顯示 K-H-T-P 優於 H-T-P

　　K-H-T-P對於很多類型的臨床狀況動力的了解很有用，因
此而增強了醫治過程。

K-H-T-P 圖1A：利百加，26 歲
強暴，果實掉落症候群

利百加，二十六歲，畫了H-T-P 及K-H-T-P 的圖畫。利百加遭強暴時是十三歲。

從分開畫的H-T-P 你看到什麼樣的故事？而在整幅K-H-T-P 中你又看到怎樣一個故事？整體來看，你有沒有感覺到利百加的生命空間被樹裡面的男人侵犯？你有沒有見到他是那些如淚珠般掉落的椰子的中心？總數有十三個，是利百加「從恩典中掉落」的年齡。你看到那棵樹依靠著房子嗎？感到那房子像一個家還是一間庇護所可以躲藏？你看到紙的底部重重的襯底嗎？或許是嘗試去穩固整體？

在我們（收集）的圖畫中，這種果子掉落的象徵是蠻常見的，特別是女人畫的圖畫，她們的想法是從恩典中掉落。把物件放在圖的底部是一種反映需要穩定的風格。被強暴和那男人的侵犯強烈的干擾利百加和她的自我成長。用說話覆述事發的情形幫了利百加。在她成長中的樹注意到那個男人的干擾象徵幾乎是最好的治療。如果這些圖分別畫在不同的紙上，那強暴者在干擾利百加的生命的樹中戲劇性的描繪便會漏掉。

圖1-H   圖1-T   圖1-P

圖1：利百加的H-T-P圖

圖1A ：利百加的K-H-T-P圖

K-H-T-P 圖 2A ：安妮達，64 歲
因丈夫去世而萌厭世的念頭

　　K-H-T-P 圖 2A 訴說一個什麼樣的故事？太陽照在雅各的頭上，他是安妮達的丈夫，於九個月前去世。雅各朝著一個家庭走過去，在那裡安妮達與雅各住了四十多年。從煙囪出來的煙朝著太陽移動而太陽正照耀著雅各。對於安妮達那樹（指生命）已死；它的樹幹變得狹窄而無能源可以通過。在雅各走著的小徑有四朵花，也許象徵他們四個孩子。

　　安妮達的家人延請很多醫學專家來為她「治病」。失去了丈夫使安妮達完全失落，坦白來說她想與雅各在他的陽光普照的世界相會。安妮達將她對丈夫的依戀轉移到其他家庭成員而得到幫助。雖然她的樹大部分已死去，但安妮達的能源足以重整而讓她生存下去；縱使仍然想念著雅各。

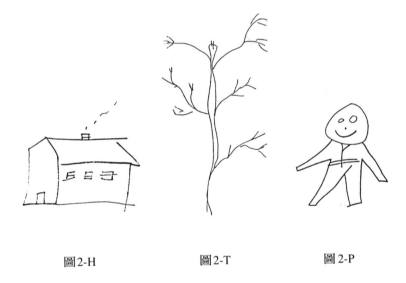

圖2-H   圖2-T   圖2-P

圖2：安妮達的 H-T-P 圖

圖2A：安妮達的K-H-T-P圖

K-H-T-P 圖3A：海倫，28歲
母親自殺引致慢性情緒低落反應

　　K-H-T-P圖3A訴說一個怎樣的故事？一個男人躲在一間冰屋似的房子裡。房子沒有門。那棵樹在哭泣，能源向下流。樹幹狹窄而且沒有紮根。為什麼都是悲傷和躲藏？

　　海倫的房子，一間冰屋似的房子，是她安全的地方。當海倫十二歲時她的媽媽自殺身亡。那棵樹反映出海倫的悲傷和眼淚是與母親的死相關。那個房子是一個庇護的地方。從那個在屋內的男性可見海倫對於她女性方面的認同有困難。這K-H-T-P圖幫助海倫「看到」自己需要在生命中前進。這幅圖也幫助海倫的丈夫更並了解她並更支持她。

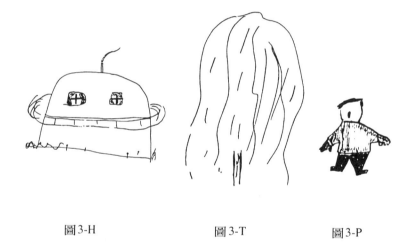

圖3-H   圖3-T   圖3-P

圖3：海倫的H-T-P圖

圖3A ：海倫的K-H-T-P 圖

K-H-T-P 圖4A ：碧姬，45歲
母親意圖要殺她而長期焦慮

　　為什麼碧姬躲在房子裡？碧姬有一個問題，叫做恐曠症（懼怕在大市場內）。如果沒有身邊的人大力支持她，她害怕從裡面走出來。這個房子是用來生存和庇護的地方。當碧姬四歲時，碧姬的媽媽意圖自殺和殺碧姬。從此碧姬不再相信任何人。她嫁了一個十分支持她的男人。當她走出屋外時碧姬需要他的幫助來保護她。碧姬喜歡留在自己的領域及安坐家中。K-H-T-P在家庭治療中很有用，讓丈夫和青少年的兒女看見母親需要安全感，使他們可以更支持她。

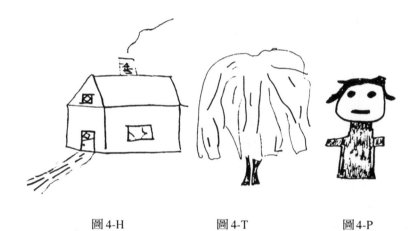

圖 4-H   圖 4-T   圖 4-P

圖 4 ：碧姬的 H-T-P 圖

圖4A ：碧姬的K-H-T-P 圖

K-H-T-P 圖5A：安妮，53歲
女兒自殺使她想自尋短見

　　大概八年前，安妮的女兒自殺身亡。圖中塗暗的人是安妮的女兒。安妮說那棵樹在八年多前枯死。安妮是個藝術家，在過去幾年裡都專注於畫枯死的樹。

　　樹上的節孔與創傷有關，而且反映著當時成長階段的依戀。那個家的門是沒有把手的，反映出安妮不願意讓別人進入她的「空間」。在她的畫裡面，第一樣畫的東西是樹。那個畫畫的人關注生命的能源比任何事物優先。那個塗黑了的人是已死的女兒，反映出安妮在這方面的焦慮。安妮曾經有一段很燦爛的生命，這可以從向外伸展的樹表明出來，可是她對生命的熱情隨著女兒之死而消逝。安妮的圖畫成為治療的焦點，幫助安妮去「看見」以致脫離對過去的依附，她慢慢地做到了。她的藝術作品到最後也包含了活的樹和花朵，反映出她自己的「再生」的擴展。

圖5-H

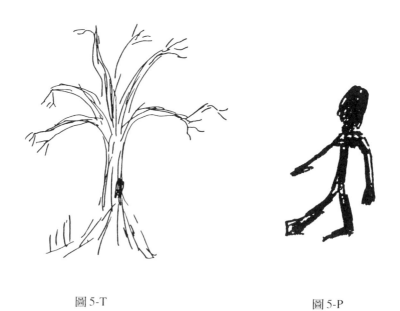

圖5-T   圖5-P

圖5：安妮的H-T-P圖

圖5A ：安妮的K-H-T-P圖

K-H-T-P圖6A：貝蒂，29歲
著迷於成功的女人

　　貝蒂把自己縮在一個鞦韆上。注意這間房子與人的距離，以及那棵樹介於人和房子之間。這一類的圖可見於那些遠離家庭的人，他們全神貫注在他們生命中的另一分枝。貝蒂被形容是一個「單身貴族」。她是一個年輕的專業人士，而且事業扶搖直上，又沒有想到要結婚。貝蒂著迷於在商場上有所成就。

　　當一棵樹依靠著一間房子，它通常反映一個人靠近他的家庭。當這個人在樹的另一邊，遠離家，他通常很投入自己所追求的事物。將房子、樹、人分開畫會漏掉這些互動力。

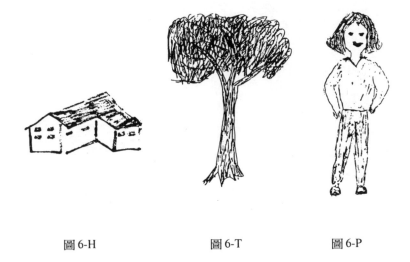

圖 6-H   圖 6-T   圖 6-P

圖6：貝蒂的H-T-P 圖

圖6A ：貝蒂的K-H-T-P圖

K-H-T-P 圖7A：朗，37歲
崩潰的越戰退伍軍人

朗是一個越戰退伍軍人。他回美國後工作十分成功，可是他的社交生活非常不成功。他與女性之間的關係充滿了暴力與內疚。

圖7-T 展示一棵樹幹非常狹窄的死樹，反映出朗的生命是不安的。他很難信任其他人。那個人是他自己。他強烈地畫「我愛自己」，而且無法去信任或者去愛別人。

那房子看來比較貧瘠。沒有把手，表示無法進入他的愛或生命內在感受，整幅圖畫都是棕色的。這是某些很需要安全感和踏實感的人的典型。它亦是曾經歷戰爭的人的共同特徵，不論是真的戰爭，或是在家庭，或是在監獄。朗努力的「愛自己」，但是他的生命是不安的。

如果房子、樹和人分別畫在不同的紙上，那麼瘦小的樹相對於那自我和那棕色大而空洞的房子的體積就會看不清楚。我們將會看到，在 K-H-T-P 圖中的位置和體積在了解互動力是很重要的。

圖 7-H

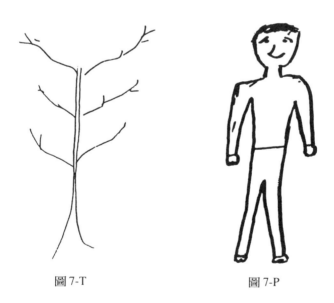

圖 7-T

圖 7-P

圖 7 ：朗的 H-T-P 圖

圖 7A ：朗的 K-H-T-P 圖

K-H-T-P圖8A：馬可，15歲
街童

　　K-H-T-P圖8A是十五歲的馬可畫的。那個人（自己）比那房子和樹都大很多。他形容這個人是「酷哥！」而且他已有一段時間都是畫這個人。那大的人比起細小的房子表示馬可較強調自己和享樂比家庭的安全感重要。樹上的節孔可能反映出馬可的「漩渦」是與父母離婚有關係。如果把那非常大的人和那小小的房子分開畫在不同的紙上，兩者的比較就會漏掉，也看不出馬可不在意他的成長和安全感。

圖 8-H

圖 8-T

圖 8-P

圖 8 ：馬可的 H-T-P 圖

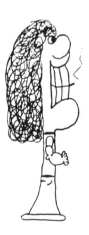

圖8A ：馬可的K-H-T-P 圖

K-H-T-P 圖9A ：艾德，16歲
流浪漢

　　十六歲的艾德畫了 K-H-T-P 圖9A 。這幅圖與圖8A 有雷同之處，圖中人物比房子或樹都大很多。艾德的工作主要是去「抽菸和與朋友混」。艾德的樹有二十三個蘋果。當他被問及為何有二十三個蘋果，艾德說當他二十三歲時他會安定下來並且去上學。他和馬可都不上學，而且住在街頭。兩個人都很自我中心。他們的生命能源（樹）以及他們的家庭（房子）在這一點上對他們來說似乎非常不重要。

圖9-H   圖9-T   圖9-P

圖9：艾德的H-T-P圖

圖9A ：艾德的 K-H-T-P 圖

K-H-T-P 圖 10A ：史提夫，17 歲
離開街頭的街童

　　K-H-T-P 圖 10A 是由十七歲的史提夫所畫。這幅圖與 K-H-T-P 圖 8A 和 9A 有些不同，圖 8A 和圖 9A 的人非常大，而樹木有些新的成長。史提夫曾經露宿街頭。他想過接受輔導而且嘗試在他的生命中生出新的枝幹。雖然那棵樹向上伸展比向下伸展好，但是它的發芽和開始分枝是有希望的象徵。這間房子有些溫暖，在圖 8A 和圖 9A 兩幅圖就缺少了這份溫暖。史提夫表示好想住在加勒比海一個島嶼上，在那裡「他們種大麻」。雖然那棵樹反映出他的成長和突破他過去所沈迷的，然而他也曾醉心於他的享樂主義世界裡頭而不顧本身的自我成長。史提夫的樹似乎向著他伸展，好像要吸引他的注意。

圖 10-H

圖 10-T   圖 10-P

圖 10：史提夫的 H-T-P 圖

圖10A ：史提夫的K-H-T-P 圖

K-H-T-P 圖 11A：杜蒂，27 歲
酗酒享樂主義者

K-H-T-P 圖 11A 是二十七歲的杜蒂所畫。她的問題是成為一個「服侍自己欲望的人」。她已婚，沒有孩子。杜蒂喜歡交一些愛去派對的朋友。她嫁給一個忍受著她常常去派對的男人。那個「我」很大，有大眼睛和大嘴巴。她的手是缺漏的。杜蒂是退縮攻擊型。如果她的依賴性需要得不到滿足，她可以變得非常憤怒。如果她的需要被滿足了，她又變得很無助，正如她漏了畫雙手所反映的。房子鑲了鐵枝的窗門儼如一座監獄。杜蒂覺得她童年時的房子是這樣的一個地方，於是她把過去的感覺也帶到現在的房子來。那棵樹是次要的。較之於她的享樂自我，那棵樹顯得十分不重要。杜蒂在一個充滿派對、享樂、歡樂時光的世界所困著，並沒有發掘本身的自我成長。房子、樹和人的相對體積畫在同一頁紙上對了解杜蒂很有幫助，她的抉擇的先後次序與那些街童差不多。

圖 11-H

圖11-T   圖11-P

圖11 ：杜蒂的H-T-P 圖

圖11A：杜蒂的 K-H-T-P 圖

K-H-T-P 圖 12A ：史可勒，15 歲
吸毒的富家子弟，等著繼承遺產

　　K-H-T-P 圖 12A 是由十五歲的史可勒所畫，而他在學校出了狀況。雖然很聰明，但他把時間都花在吸食大麻而且缺乏動機。那棵樹從那大大的房子長出來，而這房子指引著史可勒和他的樹。

　　當史可勒二十一歲時將會繼承一大筆遺產。他提不起勁。那間房子在這種情況下可能象徵著他的家庭的力量。

　　他的樹依附著他的家庭，而且他希望可以受到他們的教養。史可勒處於被動的位置，好像他正在觀望而且希望在他的生命中會發生一些事。看來他懶惰，不想用功。他「袖手旁觀」並等待家庭去照顧他。此刻有必要將史可勒帶離開那個家庭，並且將他安置在遠房「踏實」的親戚家中，而這些親戚會要求史可勒盡責任。在這個新環境中史可勒放棄大麻，在學校表現不錯，而且「找到自己」。看到那棵樹和自我偎依在那保護性的房子（家庭）中告訴我們關於史可勒更多的資料，這些資料在分開畫的 H-T-P 圖中是看不到的。

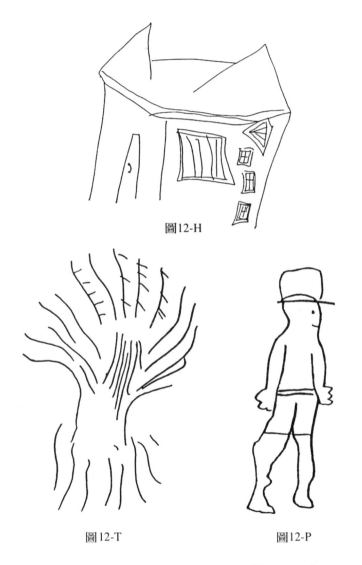

圖12-H

圖12-T   圖12-P

圖12：史可勒的H-T-P 圖

圖12A ：史可勒的K-H-T-P圖

K-H-T-P 圖13A：珍，52歲
對生命失望，絕望的感覺

　　珍分開畫的H-T-P圖只提供珍的故事一些線索，而她的K-H-T-P圖就提供更多資訊，如她為什麼感到絕望。珍的樹是沒有樹幹的，而且有種不穩固的感覺，隨時都可能被風吹倒。她用一雙看不見的眼睛，在一間沒有家具、空空洞洞的房子裡觀看著。

　　珍有一個家是她丈夫永遠無法完成的家。他是一個工作狂，而且常埋首於他的生意中。她過去曾經對自己和她的丈夫有很高的期望，但開始感到她的夢想永遠不會成真。她失去生存的意願。在過去兩年來，她動過無數次手術，而且還將繼續下去。她的思想都向著她的家人、她的家以及她無法實現的夢想。珍感到絕望以及內心空洞。與她丈夫比爾分享她的K-H-T-P圖，他可以看見、了解並感受到他妻子的絕望感。比爾減少他的工作，更加注意妻子和她的需要，他們的房子終於完成了，而珍也感到好多了。

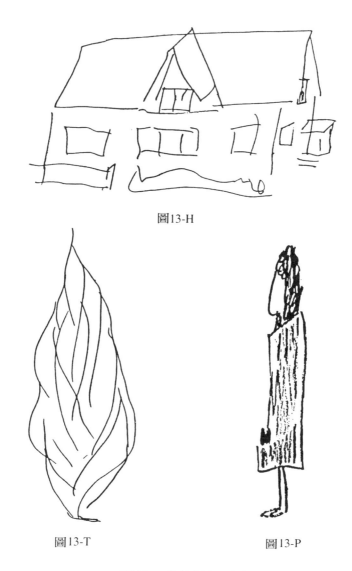

圖13-H

圖13-T　　　　　　　　　　圖13-P

圖13：珍的 H-T-P 圖

圖 13A ：珍的 K-H-T-P 圖

K-H-T-P 圖14A ：東尼，29歲
常緬懷過去的男人

　　在K-H-T-P圖14A中，二十九歲的東尼畫自己從遠方看著那房子，而那棵樹依靠著房子。東尼對於過去非常留戀。東尼說那房子使他想起以前那一問他成長的房子，它距離目前的房子有三千哩遠。他常想著過去，並希望可以回去老家。那個我蜷縮在一座綠草如茵的小山丘上，看著那房子。東尼的能源都向過去流動，並沒有集中在目前或朝著向上而平衡的將來。

圖14-H

圖14-T					圖14-P

圖14：東尼的 H-T-P 圖

圖14A ：東尼的K-H-T-P圖

K-H-T-P 圖 15A ：雷夫，28 歲
永遠長不大的天才

　　K-H-T-P 圖 15A 是由二十八歲的雷夫所畫。雷夫的音樂事業非常成功。他是個十分有創意的人，並且將他所有的力量都放在音樂創作上，可以從樹的右邊反映出來。然而，在樹的另一邊是房子，窗戶旁有兩個瘦小、長頸的人。這個音樂家仍然極度依賴他的家庭。長頸與依賴性有關。雷夫沒有與他的家庭分離過。另一方面，那個我正在踢那棵樹，好像要使生命的這部分前進。這種圖常見於很多有創作性的人。如果我們考慮右腦、左腦功能，他的右腦是投入音樂世界中的創作性和直覺性的過程。他的左腦掌管生命的實踐，是發展不良的，而且他是個躲在房子裡的小孩。

　　接著，雷夫看著他的畫並開始去改變他的生命。他變得平衡，在謀生的同時把創作力投入音樂中。這幅畫加上雷夫的分析，對他的啟發非常大，使他有一種「喔，原來如此！」的經驗。他不需要改變圖畫的右邊，但需要花相等的力量在另一邊，才能有一個更平衡的生命。

　　在這一章裡，我們嘗試顯出 K-H-T-P 圖比傳統的非全人、非動態的 H-T-P 圖，可以提供更多不一樣的資料。

　　在下一章我們會顯示 K-H-T-P 圖的發展方法（部分取材於馬斯洛的理論（Maslow, 1954, 1962, 1964, 1965）），比一貫應用在 H-T-P 圖的心理分析參考架構如何獲得更多不同的資料。

圖15-H

圖15-T   圖15-P

圖15：雷夫的H-T-P圖

圖 15A ：雷夫的 K-H-T-P 圖

第二章
用發展理論模式詮釋K-H-T-P圖

投射性技巧源起於一個由心理分析理論主導的時代。發展H-T-P的布克是一位心理分析家。H-T-P的詮釋大多數落在佛洛依德派理論下的「病態心理」人口的範疇下。佛洛依德派思想曾經給我們一些啟發。正如所有封閉性系統，沒有太多新事物進入這個系統。因此，投射性的測驗與封閉系統綁在一起以致停滯不前。

發展性系統從未曾應用在如K-H-T-P等的投射技巧上。很少從事心理學的人把人類看作一個整體——看他的健康，也看他的不健康——看他的潛能，也看他的極限。但有這樣的一個人，就是亞伯拉罕馬斯洛，一個對於我們人類鉅大潛能有遠見的人（1954）。

馬斯洛的修正模式應用在投射畫上

馬斯洛給了我們一個有用的發展模式，這模式界定了成長

的階層。當這個模式應用在投射畫時，包含了以下的階層或「需求層次」：

1. 階層一：屬於生命。對於生命、生存、安全、紮根的欲望。
2. 階層二：屬於身體。對身體的接納；尋找對於身體嗜好和身體潛能的控制。
3. 階層三：屬於社會。追求地位、成就、尊重和權力。
4. 階層四：屬於自我和非自我。自我的定義也包括了非自我，正如一個孕婦接納她的孩子；情感、養育、給予愛；轉移動機。
5. 階層五：屬於所有生物。給予和接納愛；自我實現；幸運感和運氣；創造力；對生命的慶賀。

因為我們在投射技巧中尋找病理和負面，所以我們找到了。或許我們要尋找正常和成長，我們亦可能找到。

馬斯洛模式應用在 K-H-T-P

馬斯洛的系統是一個開放的系統，預備去改變和吸納新事物。用封閉性系統只會延誤了觀察和了解人類成長和潛能的進程。

總括來說，我們對於 K-H-T-P 的分析認為，房子代表我們

的生命的實體，樹象徵著生命的能量和能量的方向，人象徵著
導演。

如果我們使用修正的馬斯洛學派的發展模式，我們可以把
每一個象徵放在一個發展階層。因為馬斯洛的「需求層次」中
的第六和第七階層超越了我們目前的心理學工具，所以我們只
使用五個階層。前面三個階層可分成面對和逃避（或積極和消
極）型。

畫房子的發展階層

階層一：屬於生命的

在這個階層，作畫者只想著生存和死亡的問題。

面對者：房子是一個可靠和安全的地方。堡壘或監獄似的
結構是很普遍的。通常不容易進入。門或把手都會缺漏。這種
房子可以使你安全地與人隔開，是一個庇護所。

逃避者：作畫者正考慮離開世界。房子可能是易碎的、腐
爛的、老舊而脆弱的。房子是空洞的、似乎是暫時的。

面對者的例子：

不能進入　　　　　　監獄似的　　　　　門太小不能進入
　　　　　　　　　（鑲著鐵枝的窗門）

K-H-T-P 圖 16A ：查理的階層一圖 ── 面對者

　　查理是一個苦惱的男人，他著迷於成功。他有一個很暴力的繼父，整個童年都遭他毆打。查理長大後成為「強悍」的人── 決意沒有人能再打他。他住在一個暴力的世界中，在那裡他是施行暴力的人。他懷疑別人的動機，說自己好像穿上心理上的武裝，讓別人不能傷害他。不幸的是，他甚至與妻子和小兒子共處時也不能脫下武裝。

　　查理的房子是一個監獄般的堡壘。他的樹有狹窄的樹幹。這種類型的樹幹可見於那些興趣不多的人。當他們日漸年長時就會油盡燈枯，而且當他們達到尖峰卻發現除了空虛之外一無所有時，生命「失去了意義」，正如登山的人（要成功）卻發現他們所要的都在山下。查理所畫的人是強悍的自我正在導演著查理的悲劇。

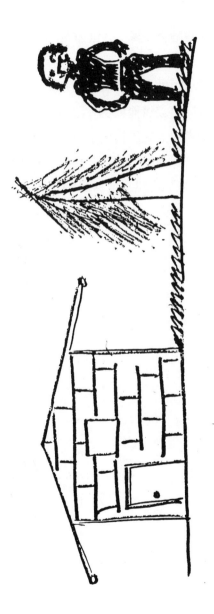

K-H-T-P 圖 16A：查理的階層一圖——面對者

K-H-T-P 圖 16B ：山姆的階層一圖──逃避者

　　K-H-T-P 人圖 16B 是由四十歲的山姆所畫。他曾參與越戰，那時發生了一件事，事發時他與另外兩名士兵正在站崗。他們三人都睡著了。他驚醒並在恐慌之下射殺了其他兩個人。對這件事他非常內疚。雖然他的工作偶有起伏，但算是相當成功。他的愛情生活非常的不成熟，他曾經對一些女人使用暴力。

K-H-T-P 圖 16B ：山姆的階層一圖──逃避者

　　圖中的樹看來幾乎像一張臉，而樹幹又好似一雙腳。有人懷疑那棵樹反映出他對之前所提到的暴力內心深深的自責。那個「自我」是片斷的。房子的門有一個把手，把手小得難以進入房子。房子是貧瘠的，窗上打了叉叉，可能是他對過去感到內疚。整幅圖卻是棕色的。與朗的死樹（圖7-T）所不同的，山姆的樹是活的，而且山姆可以克服他的內疚，並且活得很理性，不像查理有自殺傾向（圖16A）。

有門沒有把手

印象：躲藏或者逃避敵人的地方。

符號：可能是鑲了鐵枝的窗戶。四周可能放置武器。

顏色：單色；棕色最常見。

逃避者的例子：

快垮下來的房子

空洞的房子

破爛的房子

印象：房子是空洞的或是腐爛的。無望的地方。

符號：可能在圖中有月亮。

顏色：單色；黑色最常見，其次是銀藍色或灰色。

傾斜或快倒的房子

階層二：屬於身體

房子和它的開口、突出處以及牆可能代表身體。佛洛依德派的象徵主義在這裡就很適切。

面對者：強調某些部分。明顯地煙囪、門和窗都仔細的描繪。房子可能用性感的符號點綴，包括蠟燭、花環或陰莖符號。房子是敏感的並且可能反映和歡迎享樂主義。

逃避者：有些部分可能漏掉、擦去或隱藏。有些部分可能塗上陰影或避開。有不願意畫房子的。房子是沒有感覺的。出現否定的「×」符號可能反映身體有衝突的區域。房子可能反映是一所「神聖的地方」，不准他人入侵。

面對者的例子：

陰莖狀的煙囪　　　　　窗中燃燒著蠟燭

陰戶狀的門，圓
圓的窗；花環

印象：性欲強。一個引誘性的地方。

符號：蠟燭、花環。陰莖或陰戶狀的門、窗。

顏色：明亮，「有吸引力」的，敏感的。

逃避者的例子：

×型圍繞入口或外展處　　黑黑的屋頂　　　　密佈十字的屋頂

大量的宗教符號（十字架）

或者擦拭過的痕跡

印象：一棟整齊的房子或有很多矛盾
　　　（擦拭痕跡或十字架）。

符號：××，宗教符號（十字架）、
　　　擦拭痕跡。

顏色：逃避用明亮的顏色。

K-H-T-P 圖17A：貝蒂的階層二圖——面對者

　　K-H-T-P 圖17A 是由三十七歲的貝蒂所畫。在畫圖期間，貝蒂試圖去挽回她的婚姻。她十分依賴她的丈夫。這是一種類型的圖畫，當中重複出現雙雙對對的物件。我們看見兩個人在窗內、兩棵樹以及雙重的符號。她與她的丈夫之間有一種象徵性的關係。門頂上的花環是女性性的象徵。注意那棵樹是在房子裡，表示她的生命的力量都依靠著家庭和丈夫。貝蒂相信「性」可使她的婚姻完整。她努力的去維持生命中的成雙成對，並且沈迷於這個想法。她還未發覺自己是一個個體，而且一直維持著她的共生性「成雙成對」的想法。這種人可能因離婚便垮下來，或者因受挫折而立即再婚，以維持她的成雙成對的完整。貝蒂的輔導集中在她作為一個個體的成長，而不是「需要」她的丈夫，相反的，是去愛他。

K-H-T-P 圖17B：查玲的階層二圖——逃避者

　　K-H-T-P 圖17B 是由十七歲的查玲所畫。雖然叫她畫一個完整的人，但查玲無法做到。她所畫的人是無性別的。門是沒有把手的，而且無人被邀請進入查玲的空間。沒有煙囪，也沒有煙，而且在查玲的空間沒有什麼事物顯示出溫暖來。樹幹十分狹窄，暗示沒有什麼汁液流動著。樹葉是團團轉的，表示在查玲的能量系統中沒有外展，也沒有方向。

K-H-T-P圖17A：貝蒂的階層二圖──面對者

K-H-T-P圖 17B ：查玲的階層二圖——逃避者

階層三：屬於社會的，「成功的」

面對者：房子反映出需要成功、地位、權力和尊重。這個階層的房子具有有格調、氣派的外表。如果有庭園設計，會是正式和優雅的。

逃避者：房子是反成功的。房子看起來並不昂貴或有格調。一間反文化的房子。

面對者的例子：

大體積：昂貴的外表   大豪宅

印象：昂貴的外表。是成功人士的房子。房子「要求尊重」。
　　　富裕，有格調。
符號：富有的，受尊重的。
顏色：暖色調或有格調。

逃避者的例子：

房子大但沒有豪華的外表，有反文化的外貌

印象：一間反文化的人住的房子。抗議標示和符號。可能是偏
　　　執的「袖手旁觀的」。

符號：抗議標示或符號。

顏色：偏執的，沒有格調的。

K-H-T-P 圖 18A ： 大衛的階層三圖——面對者

　　K-H-T-P 圖 18A 是由十一歲的大衛所畫。在房子旁的樹和人相對的較為模糊。大衛在一個家裡，裡面很強調實物。父母都是工作狂，而且在一個炫耀和向人顯示財富的世界工作。我們發現大衛在這幅圖畫中，正如房子的體積所顯示，可以看到樹旁邊的人是逐漸離開房子的。這個孩子開始對父母的價值觀產生疑問。他本身生命的樹會從過分享用轉移到別的地方去。

K-H-T-P圖18A：大衛的階層三圖──面對者

K-H-T-P 圖18B ：珍妮的階層三圖——逃避者

K-H-T-P 圖18B 是由三十三歲的珍妮所畫。這個人正「袖手旁觀」，玩著一個樂器，好像不在乎地看著自己的房子出售。這個房子有些不「全」，而且有些破碎。那棵有節孔的樹依附在那鬆鬆散散的房子旁。珍妮是反文明的一部分——她的「袖手旁觀」和她的能量投注在音樂比投注在她的房子或樹多。她沒有目標或方向，可以從那彎彎曲曲、斷斷續續的樹枝的型態看出來。

K-H-T-P 圖18B：珍妮的階層三圖──逃避者

階層四：屬於自我和非自我

　　在這個階層，不提二分法。沒有面對者或逃避者，但有統一的和諧。房子變成家，更多顏色用來表示溫暖和關懷的感覺。窗簾不是用來躲避用的，而是給予溫暖和裝飾用的。可能也加上花朵、灌木和樹。在圖畫裡有一份溫暖養育的品質。有門和門鎖是可以進入的。有時從房子發出亮光。在溫暖的氣氛下，房子成為一個與別人分享的地方。玩具、園藝工具和花朵也是關心和家庭的象徵。

印象：看起來和感覺起來像一個家。暖色調。主要是綠色。一個養育的地方。

符號：花朵、玩具、園藝工具、家庭或家庭用品。光或溫暖可能從家發出來。寵物。

顏色：成長的顏色。可能主要是綠色。

階層五：屬於自我和無限擴展的非自我

　　家是一件創作性的成果，散發出快樂和慶賀。在這個階層，作畫者接納自我和非自我。這個家是溫暖的，和諧地與大自然融合。樹、花朵、小鳥、太陽、山可能可愛地包含在一個生命的慶賀中。這個家將會反映出一個完整性和創造性的成果，去為這個身體、這個自我、他人和心靈建立一個家。

印象：一個與整體都和諧的家。戶內戶外融在一起，有階層四
　　　的所有特質加上創造性的和諧接觸。充滿了愛和魅力的
　　　氣氛。

K-H-T-P圖19：蘿拉的階層四圖

蘿拉，二十九歲，是一個可愛的人，有一個六歲的兒子和一個丈夫，丈夫名叫史杜。她的樹橫向伸展以保護和蔭庇那房子。那個人往上看著她的房子。那個房子有光從窗口照出來，而且大型的窗上有綠色植物。蘿拉是一個養育者，她趨向於付出多於收取。她的樹微微的靠著房子。蘿拉的家人和朋友都認為她是一個施予者，一個充滿愛和養育的人。

K-H-T-P圖19：蘿拉的階層四圖

K-H-T-P 圖20：瑪利蓮的階層五圖

　　瑪利蓮，四十七歲，畫了 K-H-T-P 圖20。瑪利蓮撫養五個孩子並有成功的事業。她不斷地成長。這幅圖畫是色彩豐富而溫暖的。房子、樹和人都分開而且是完整的。那個人是完整的並且畫了側面，開心地去辦事。房子是溫暖的並有花朵點綴著。太陽在屋頂上溫暖地照耀。房子的雙扇門表示她與丈夫之親密。那棵樹有寬闊的樹幹，並散發出向外、向上流動的能量。正如她的畫所反映的，瑪利蓮是一個完整、快樂、支持、可愛的人。

K-H-T-P 圖 20 ：瑪利蓮的階層五圖

畫樹的發展階層

正如在神話、祭祀、傳說、宗教文學、藝術、陶器和解夢所描繪的，樹是一個古老而無所不在的生命和自我成長的象徵。

樹的分枝象徵著保護、蔭庇、供養、成長、更新以及果斷。樹木從種子一開花一結果一種子奇蹟般的生生不息的成長過程，隱喻著人類的成長和發展。樹反映出生命嚮往著成長以及嚮往由大地通往天際；因此它是最具共通性的象徵之一，也是靈性和自我披露的隱喻。

把人看成樹是一個統一的想像。正如鍾（Jung, 1979）說：「如果曼陀羅（mandala，佛、回教語）可以被形容為自我象徵的橫切面，那麼樹就可以代表自我被描繪成一個成長的過程的輪廓。」鍾收集很多他的病人所畫的樹。

生命力、精神（élan vital）、神氣（prana）及氣（chi）是與樹這符號相關的專有名詞。在 K-H-T-P 圖的一棵枯死的樹可以聯想成作畫者失去了生存的意志。一棵矮小的樹表示成長停頓。狹窄的樹幹表示狹隘的興趣及對生命抱著狹隘的看法。當樹幹十分狹窄，表示生命「由一條線吊著」而已。樹木的年齡可以提供線索，可知作畫者的發展階層和能量的多寡。

樹成長的方向可以是向上而外展，或是向下而內收。樹幹

上的節孔通常反映著「盤旋於腦海中」的強烈依戀或創傷。可以在墨拿（Metzner, 1981）的一篇文章中找到有關樹作為一個象徵的最棒的摘要。

階層一：屬於生命力量和能量的生命接納

　　面對者：樹可能有爪形的根或是一個「掘下去」的特質。如果樹是不友善的，可能有刺或「保持距離」的特質。不能攀爬的樹。

　　逃避者：樹可能已死或快要死。樹幹狹窄以及沒有樹葉或樹葉稀疏。樹可能扭曲或矮小。樹枝和樹葉如楊柳般下垂。樹枝可能折斷或是枯死的。

面對者的例子：

爪形根　　　　多刺的樹　　　　椎形樹枝

印象：不友善的、危險的、沒有養育性的、可怕的。
符號：刺、爪形根。
顏色：單色。

逃避者的例子：

樹幹頂端是尖的　　非常狹窄的樹幹　　沒有樹幹

死樹　　　　所有成長都接近樹幹底部

矮小的　　　　風吹倒的　　　　　空洞的

能量全都向下（垂柳）　　　　　細小的樹，肥大的葉

印象：已死的、快死的、無能量的或是磨損與空洞的，或是所有能量都向下流。

符號：死、腐爛、空洞。

顏色：單色。

階層二：屬於身體

　　面對者：樹可能有感性的持質，可能強調在樹皮或者樹葉上。樹葉或樹枝可能是陰莖狀。感性的顏色。樹可能代表陰莖，因為樹枝比樹幹小。

　　逃避者：可能沒有樹，或者某部分的樹被隱藏或塗了陰影。沒有感性的顏色。

面對者的例子：

　　　陰莖狀的樹　　　吊在樹上的陰戶象徵（輪胎）　　　陰莖狀的樹枝

印象：性感的樹。

符號：陰莖狀的樹或樹枝。女性的象徵在樹上或附在樹上（輪
　　　胎等等）。

顏色：鮮明的、「引誘的」。

逃避者的例子：

　樹幹或樹枝上有╳　　　腐爛或墜落的果子　　　折斷或切斷的樹枝

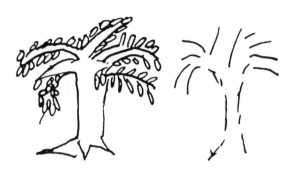

過分細緻的樹,「太完美」　　　太多擦拭和缺漏

印象:去性別的樹或者過猶不及的樹。

符號:很多×,折斷或切斷的樹枝。墜落或腐爛的果子。

顏色:「無色彩」。灰色、棕色或黑色。

階層三:屬於社會

　　面對者:強壯的樹。大、修飾、有格調的樹。樹枝外展像去抓取和去擁有。樹可能不平衡。

　　逃避者:外表是被動的樹。有大的樹枝但不伸展。樹可能傾斜。

面對者的例子：

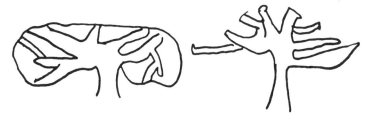

大而炫耀的樹　　　　　　　　堅穩的橡樹

印象：大、炫耀、成功、有力量的樹。

符號：權力、力量。

顏色：文化中強烈的顏色。黃色、金色。

逃避者的例子：

大樹幹，小樹枝　　　大樹幹、小樹枝　　　大樹、小葉

　　體系　　　　　　　而且內轉

印象：大的欲望和能量，但不想要「成功」。

符號：中途失敗或內轉力量。

顏色：無格調的，古怪的。

階層四：屬於自我和非自我，無所謂面對者或逃避
者，只是友善的樹而已

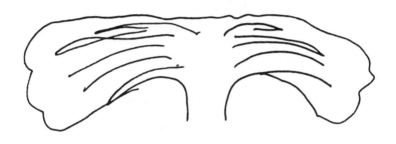

滋養的、蔭庇的樹，提供樹蔭、可以攀爬的地方；或許有果子或堅果
（不是快掉下來的或已墜落的果子）

印象：友善的樹、滋養的、保護的。

符號：果子（不是墜落的）、堅果。

顏色：多色彩的。

階層五：屬於自我和擴展非自我

樹是滿滿的、整體的，向上和向外移動。樹枝是連貫的，
沒有折斷。有重要、繽紛、多采多姿的質感。在和諧的整體中
可能有小鳥、太陽和山。

階層四所有的特質加上向上的動作，好像直接穹蒼；和諧的；

可能有山、小鳥、河流、花朵、其他樹和動物；使天地連成一體

印象：和諧、喜樂的樹與周遭融在一起。

符號：花朵、果子或堅果，也許附近和諧地住有動物或小鳥。

顏色：多色彩的，如彩虹般。

畫人的發展階層

投射畫中的個別人像的分折在柏恩斯（Burns, 1982）的文章中有詳細討論。

階層一：屬於生命

面對者：攻擊性外表和表情。可能有被害特徵（畢卡索眼

睛）。人像可能是持械的或者是可怕的、猜疑的。

　　逃避者：面部可能是空的、缺漏的或是傷心的。這個人看來已經心死或是鬼鬼祟祟的。畫中人可能是自傷的。

面對者的例子：

猜疑的表情　　　　持械或攻擊性　　　　傷害、砍斷等

印象：猜疑、敵意、防衛的。

符號：武器、制服（軍服等）。

顏色：褐色，主要是棕色；單色調的。

逃避者的例子：

沒有五官的　　　　　　空調的，不完整的人形

細小、恐懼的人　　　　　　　　痛苦受虐的表情

印象：絕望或是臉上極其痛苦。

符號：月亮、水。

顏色：通常是灰中帶黑。

階層二：屬於身體

　　面對者：強調身體和感性。常常強調性徵。可能是誘惑性的。男性強調肌肉、女性強調性的特徵，包括乳房、臀部等等。「美體」。人在「鍛鍊身體」、慢跑等。

　　逃避者：隱藏的身體或者肢體缺漏或被遮蓋。為身體感到羞愧或尷尬。

面對者的例子：

強調肌肉，「美體」　　強調衣著、化妝　　誘惑性的

　　　　　　　　　　　、頭髮和首飾

逃避者的例子：

沒有畫身體　　　擦拭過或缺漏　　　隱藏身體

身上有×　　　　雙腿扇形分叉　　　腰以下塗黑

印象：怕身體。羞愧或隱藏的身
　　　體。

符號：身上有×，塗黑了身體。漏
　　　了畫身體。

顏色：褐色、晦暗。

用衣服或體重　　如厭食症的人
來隱藏身體　　　使身體不具吸
　　　　　　　　　引力

階層三：屬於社會。追求地位、成就、尊重和權力

面對者：有格調的。成就、重要的氣息。表現地位和需要
尊重。與社會上權力的象徵一致。

逃避者：可能是反文化的。舊衣服：沒有成功，但不是軟
弱。地位可能來自反文化的族群。

面對者的例子：

　　有格調的、昂貴的外表　　　　首飾，「我是富有的」

印象：為所擁有的而驕傲，成功的，有格調的。

符號：財富、地位的象徵。外套上有繡亮片，戴戒指。

顏色：任何有格調的顏色。

逃避者的例子：

印象：不認同社會對成就和
　　　格調的想法。

符號：反文化的符號。

顏色：沒有格調的或無認同
　　　的顏色。

反文化的外觀　　沒有格調的，
　　　　　　　貧窮的外觀

階層四：屬於自我和非自我

圖畫是完整的，表達關心、愛護的面部表情。動作是關心或滋養的。感性、外向、關懷的人。

印象：此階層中沒有面對者或逃避者。有平衡的中心人物照顧其他人，且不求回報。

養育的，關心的　　幫助的動作，
　　　　　　　　支持性的

階層五：屬於自我和所有活物

人像反映出對生命的慶賀。人像是整體的、完整的，而且常是有創造性的。人像付出和接受愛，在表情上有幸福和幸運的感覺。對生命充滿期望。多色彩的。

印象：整體、平衡的人接納他人、大
地以及其中的植物和動物和宇
宙。和諧、平衡。付出與接
納。

整體、完整的人，強壯但在
表情和動作上都有愛。平衡

　　下一章我們將會在每一幅K-H-T-P圖裡面探索一些變異因
素，如K-H-T-P圖中物件的依附、距離、次序和體積。

第三章
K-H-T-P 圖中物件的依附、距離、次序和體積

依附

　　依附（人依附房子、房子依附樹等）意味著作畫者無力分割和排解他們生命中的各個層面。

　　無法排解他們的生命而又無法得出清楚、無礙的前路的人，有可能會長期的不充實和不滿。

K-H-T-P圖21 ：傑克，42歲
依附著房子、樹和人

　　K-H-T-P圖21是由一位四十二歲的「單身貴族」傑克所畫。他的父親已去世。大部分的金錢由他的母親控制——那死亡的頭，畫在K-H-T-P中不祥的形象。這幅圖述說一個傷感的故事。傑克依附著母親和那無門的房子。那扇形的樹依附著房子。傑克從未找到「自己」。他被母親的蜘蛛網和「成功」的家庭所困。圖中唯一未有依附的是那小孩子。傑克說他想重新再來並將他的樹（個人成長）從房子釐清出來。

　　在東方，毒藥瓶子上有兩個表意文字，一個代表依附（或樹葉），另一個代表母親。當這兩個古老的表意文字放在一起時（依附／母親），就成了「毒」這個表意文字（Burns & Reps, 1985）。

K-H-T-P 圖21：依附著房子、樹和人

K-H-T-P圖22 ：芭芭拉，19歲
樹依附著房子

　　芭芭拉，十九歲，畫了 K-H-T-P 圖22 。芭芭拉從來不能夠從家庭對她的形象中釐清自己生命的樹。她的父母希望芭芭拉「完美」。芭芭拉也嘗試過。因為芭芭拉追求完美的後天欲望，所以她所做的事都無法令自己滿意。大約四年前有幾次她用刀片割腕。十八歲那年她得了厭食症。芭芭拉的樹觸及那有沈重天花板的房子，而自己就低低的在紙張的下面看著那觀望者，好像是在引人注意。那個自我的形象超過了紙的邊緣——也許這是芭芭拉逃避畫腳和立足在混亂中的方法罷。芭芭拉最後表示希望少花一些時間在家庭和家人的期望上。她與自己生命的樹前進了，沒有依附在家庭的期望上。

K-H-T-P 圖22：樹依附房子

K-H-T-P 圖 23 ：大衛，46 歲
健康的沒有依附

　　大衛，四十六歲，畫了 K-H-T-P 圖 23 。大衛已婚並且有幾個成年兒女。不管早期的自責和嚴厲的宗教教養，他不斷地成長，特別是過去兩年。看看他在圖 23 的自我如何移動——不像圖 22 那種被動的向前看。大衛正在同時看著他的樹和房子，但並沒有依附其中任何一個。大衛與他生命的樹一起成長。

K-H-T-P圖23 ：健康的沒有依附

K-H-T-P 圖24 ：瑪琍蓮，39 歲
依附著過去，母親的自殺

　　K-H-T-P 圖24 是由三十九歲的瑪琍蓮所畫。當瑪琍蓮七歲時，她發現母親自殺倒斃在田間。瑪琍蓮無法從發現媽媽死了的震驚中恢復過來，而且那恐怖的印象和感覺仍然持續。她是一個工作狂，瑪琍蓮瘦小的樹依附著她的大房子。請注意窗子上關閉的百葉簾和沒有把手的門。瑪琍蓮是一個「隱蔽」的人，一個痛苦的人無法把自主的樹從一個充滿回憶的房子中抽離。

K-H-T-P 圖24：依附著過去，母親的自殺

K-H-T-P 圖 25 ：貝絲，9 歲
不依附過去，追求獨立

　　瑪琍蓮的九歲女兒貝絲，畫了 K-H-T-P 圖 25 。看看貝絲如何與她的樹的體積角力——開始時畫兩棵大樹，把它們劃掉，最後畫一棵與她母親所畫的同樣大的樹。貝絲具有她母親的某些特質，也有一些正面的特徵。她的樹不是依附著房子，而是在房子（家庭）「上面」。貝絲畫的人是側面的，如果這幅圖是活的，她會走出紙張外面。貝絲的房子沒有關上窗簾。貝絲的自我形象超過了紙張的底部，有效地刪掉了她的腳和對這個處境的依附。貝絲可能離開她母親的保護世界，而將能量都放在她生命的樹上。

　　在年長的夫妻當中，被動的配偶（葉子）可能依附在主動的配偶身上（一棵樹）。如果那棵樹死了，葉子往往因「心碎」而緊接著死亡。然而如果葉子死了，樹仍然可以「修剪」一下又進入另一個成長時期。通常，依附有礙成長。成熟的人學習去愛而不是惡性的依附。我們可以從 K-H-T-P 圖中看到形形式式的依附。

K-H-T-P 圖 25 ：不依附過去，追求獨立

依附的記分法

依附的出現與否可以用下列圖表記分：

表1：依附

依附	出現
房子─樹	
房子─人	
人─樹	
房子─樹─人	
無依附	

表2：自我以外的人物的記分

	出現
反英雄	
已死的人	
父母	
朋友	
英雄	
親戚	
不知名的人	
其他	

表3 ：另加的人物

	出現
反英雄	
兒童	
已死的人	
父母	
朋友	
英雄	
親戚	
不知名的	
其他	

K-H-T-P 圖中物件的次序

很少人跟著指示逐一畫出房子、樹和人。大部分的人畫 K-H-T-P 時是隨著自己的次序畫的。有些假設是針對次序的意義。

首先畫的物件的重要性

可能的次序有：
房子—樹—人

房子—人—樹

樹—房子—人

樹—人—房子

人—房子—樹

人—樹—房子

先畫樹

生命能量和成長對於作畫者最重要。這是那些嘗試去成長或維持生命的人的典型。例如想自殺的人或者那些失去「生存意志」的人通常會先畫樹。那些嘗試「向上攀」的人也會先畫樹。當然，在詮釋的價值上，樹應該被視為整體的K-H-T-P圖的一部分。那棵樹有沒有依附？是死的？旋轉的？等等。這樣的資料使得「意義」更清楚。

先畫房子

如果在K-H-T-P圖中先畫房子，它可能表示：

1. 需要屬於大地；一個生存的地方。
2. 需要屬於身體；可能指出身體的需要或是著迷。
3. 需要屬於社會；房子表示成就或是對成就的藐視。
4. 一個為了養育的家。
5. 一個為了付出和接受養育的家；一個有創意、快樂的地方。

先畫人

先畫人意味著：

1.關心對於屬於大地的感覺的控制。

2.炫耀身體或隱藏身體。

3.顯示「成就」或藐視「成就」。

4.一個受養護的人。

5.一個付出和接納的快樂人。

6.如果不是畫自己，它可能反映出對特定人物的著迷，例如已死的家人、愛人、可恨的人、一個英雄或是一個反對英雄的人。

以下三章將會描繪和討論 K-H-T-P 圖裡面一些動作、風格和象徵。

第四章
K-H-T-P 圖的動作

在前一章所討論的依附是動作的一種形態。例如在 **K-H-T-P** 圖 21 裡可以感受到能量沿著依附的排列流動。由母親流向兒子的能量，由兒子流向房子又流向樹的能量都可以「感受」到。有些**K-H-T-P** 圖的動作是可以見到，也感受到的。

房子的動作

在我們的 **K-H-T-P** 圖裡，房子是唯一沒有生命的形象，所以與房子相關的動作很少。

房子可能是快倒的或是傾斜的，或是有其他變壞的跡象。一個向左右伸展的房子可能反映作畫者需要穩定性或腳踏實地。一個向上下伸展的房子可能反映作畫者需要權力或需要幻想。

樹和人是活的，因而給了我們探索動作的機會。

樹的動作

樹上的動物

　　松鼠是樹上最常見的動物，通常在從事「藏東西」的行為。那些很注重安全感的人會畫松鼠。畫其他動物在樹上比較少而常常有特殊意義。

　　K-H-T-P 圖26是由九歲的湯姆所畫。湯姆畫了一棵樹，而樹上有一個房子。房子裡有一隻老鼠在轉輪上。湯姆的母親說她最近都夢到自己像一隻老鼠困在婚姻的籠子中。她從沒有跟她的兒子討論過這些夢。這幅K-H-T-P 圖似乎反映了湯姆對母親被困惑的直覺感受力。湯姆的樹枝是遠離房子而成長的。房子的右邊好似有一個逃走的出口。湯姆感覺到母親會放棄這段婚姻，事實上她在湯姆畫了這幅畫四個月後離婚。

　　任何動物或雀鳥加在K-H-T-P 圖中，意味著與這動物有所認同。湯姆正如他母親一樣，感覺像那隻老鼠被困而想逃跑。

K-H-T-P 圖26：樹上的動物

樹上的小鳥

　　小鳥通常畫在鳥巢裡，而多數是那些依賴性強的人所畫，他們享受在一個鳥巢中被人照顧。小鳥若露出腳，可能與渴望自由相關。

　　K-H-T-P 圖27 是由二十一歲的瑪琍所畫，她畫了兩隻小鳥在一個鳥巢裡。那個人是她所謂的愛人，他年紀較大、已婚並且「飼養」她。他被視為一個有能力的人，正如他的手臂與揮出去的鏟子所顯示的一樣。他沒有腳，意味著這個關係的不穩定。本質上，這位年輕的女士與一個比她年長兩倍的男人共同生活，把他看成父親，滿足了她的雙雙對對想法。她仍然在鳥巢裡，並且我們可以看到樹長長的手臂跨過屋頂指向他。她生命的這一邊是「上層」。樹的另一邊，樹枝基本上是向下垂的，反映出她的工作上缺乏成就和不能自給自足。當她接受治療之時，瑪琍對老先生的依賴和對她的「愛巢」的滿足正值高峰。治療集中於她那未完全發展的「工作」面。瑪琍找到一份合適的工作，並且離開了她的鳥巢去尋找完整的自己。

K-H-T-P 圖27：樹上的小鳥

樹被吹倒而彎向房子

　　一棵彎向房子的樹是那些渴望家庭的保衛和安全感的人的特徵。這聯想到退化，有時也聯想到留戀過去。

　　泰瑞，二十七歲，是一位職業曲棍球員，他畫了K-H-T-P圖28。畫這幅圖的兩年前，他在一場口角中遭槍擊。泰瑞的身體復原了，但精神上並沒有痊癒。他那曾經強大的樹被吹倒向房子。自我躲在房子內尋找保護。在現實生活中泰瑞不能夠工作，而且必須像小孩子一般被照顧。

K-H-T-P 圖28 ：樹被吹倒而彎向房子

樹枝向下垂

這種格調常見於那些把能量都流向過去不能解決的問題上的人。飲泣的楊柳樹常常與憂鬱和留戀過去有關聯。

K-H-T-P 圖 29 是由十三歲的華特所畫。華特是個反叛的人，他與一群社會邊緣人混在一起。他是母親第一次婚姻的產物，這段婚姻以離婚收場。他的母親再嫁，但華特從來沒有接納過他的繼父。樹上的節孔是兒童早期生命中有未能解決的創傷的特徵。華特的樹向下移動。房子是棕色的。華特不接近房子，寧願靠近樹的另一邊，他長長的手臂表示他的力量。這實在是一個具攻擊性的男性，舉例說，他在學校向老師亮刀，留連街頭，導致生活充滿危險。那些鈕扣暗示著某種自足。

鈕扣常是依賴性的象徵；當鈕扣放在自我身上，表示一個人會照顧自己。華特反覆思考著過去。

K-H-T-P 圖29：樹枝向下垂

樹枝向上伸

如果樹木穩立於地上，它表示上進的人隨著他們的生命「前進」。

大偉，三十七歲，畫了 K-H-T-P 圖 30。他是一個「成功」和養育的人。他有很多興趣和「提升」的活動。然而，大偉花很多力量在單車競賽上──他常常鍛鍊身體並常常參賽。他對競賽的迷戀和擁有超強身體的欲望妨礙了他的成長。我們生活在一個文化中，在裡面能量都集中在「超強身體」，而不是我們生命的樹的平衡成長。執迷的酒癮者、吸毒者、健身者、騎單車的人和跑步的人在他們的 K-H-T-P 圖裡常有共同的特徵──身體比樹大，而且比較被強調。

K-H-T-P 圖30：樹枝往上伸

樹枝往外伸展

　　可蔭庇的樹通常由那些養育、保護他人的人所畫。

　　雪莉，四十五歲，畫了K-H-T-P圖31。那棵樹以養護的姿態伸展開來。雪莉很害羞並依賴她的丈夫。對雪莉很不幸的是，她的養護全都導向她那專橫的丈夫。他收取，但幾乎不太付出。

Husband

K-H-T-P圖31：樹枝往外伸展

圓圈狀的樹枝

頂部的樹葉是圓形的或是有漩渦的效果。這種畫法最常用在畫樹頂，並且顯示出作畫者停留在成長的某一個層面，在那裡不上不下。如果整幅圖畫都充滿圓圈狀的東西，它可能聯想到作畫者意圖在極端的形態上「旋轉出來」，也就是精神分裂。

K-H-T-P 圖32是由十九歲的格致所畫，圖中顯出有道旋轉由樹流向房子。格致十六歲的時候輟學，不工作也沒有「方向」。那個未被察覺的自我在屋頂上。在現實生活中，格致的雙親離婚，而他接管了那間房子；他的母親無法控制他。格致的樹、房子和人都靠在一起。他的母親最後賣了房子，而且搬得老遠來逃避格致的暴行。

K-H-T-P圖 32 ：圓圈狀的樹枝

樹枝和樹葉茂盛地靠在房子旁

　　樹看起來不對稱。當樹木生長得很茂盛而靠向房子，這表示一個人投注過分的力量在他生命的某一部分，而忽略了平衡的成長。

　　貝蒂，四十一歲，畫了 K-H-T-P 圖33。自幼她便罹患了致命的惡疾，畫這幅圖時，她的病情已經暫時緩和。她嫁給中學時的情人，而他也待她極好。貝蒂所有的樹枝都流向房子。她從未工作過，在家庭以外亦沒有很多興趣。貝蒂的樹在遠離房子的另一邊幾乎完全缺漏了。她的疾病使她不能脫離房子去探索她自己的生命。

K-H-T-P 圖 33：樹枝與樹葉茂盛地靠在房子旁

茂盛的樹枝和樹葉遠離房子

這通常聯想到一些人把力量都放在他們自身的成長，而且抗拒或輕視家庭或其他房子的價值。

十七歲的約書畫了 K-H-T-P 圖34。樹和樹枝的成長都是遠離房子。約書彈吉他並想繼續與「他的」夥伴前進。他離開了他的家庭。他把自己放在靠近樹枝的位置，這樣他傾全力──在他的音樂的樹枝上。

K-H-T-P 圖34：茂盛的樹枝和樹葉遠離房子

果樹：果子掉下來

在那些顯得快樂的圖畫裡，長滿果子的樹是豐裕的房子、樹和人的一部分，在此果子可能象徵著創造性的養育環境。然而，在相對貧瘠的圖畫中，果子可能代表回到過往受撫養的願望。樹上蘋果的數目可能提供一個數字，與沈溺的時間有關：「我希望自己仍然是七歲」等等。掉下來的果子常見於一些圖畫，由那些良知覺得「從恩典中墜落」和自責的人所畫。

瑪麗亞，二十九歲，畫了 K-H-T-P 圖 35。瑪麗亞說她在十七歲時被強暴。這裡共有十七個蘋果在樹上或掉下來。瑪麗亞非常虔誠，而且無法告訴家人那一晚她外出時遭強暴。

圖中的人穿了一件黑色洋裝。房子有個沈重的屋頂和不能進入的門。瑪麗亞對人際關係相當戒慎恐懼。沈重的屋頂通常是內心沈重的象徵。瑪麗亞的樹是圓圈形的，反映著旋轉的思想以及「無處可去」。瑪麗亞在事業上表現不錯，但人際關係就不甚好，包括受虐狂的愛情生活。瑪麗亞創作了那十七個蘋果，作為一個視覺上的符號，它們幫助她解除了在十七歲時被強暴所壓抑的記憶，而且最後也原諒了自己的「墜落」。

K-H-T-P 圖35：果樹，果子掉下來

果子掉下來、腐爛：與「從恩典中墜落」相關的憂鬱和「腐敗感」

K-H-T-P 圖36由十五歲的瑪琍所畫。她由一位醫生轉介過來，她有厭食症的問題。她是一個非常虔誠的家庭的獨生女。瑪琍在學校曾經是一個領袖人物但突然間放棄了，據她母親所說，她體重大減，四個月來穿的洋裝小了三號。瑪琍的樹有掉落的蘋果，加上一個非常腐爛的蘋果。瑪琍曾經「從恩典中墜落」。樹上的節孔似乎要反映出她生命的一個「腐敗」的部分，這個部分一直在她的腦海盤旋。

當瑪琍因厭食症住院時，醫護人員告訴她她的外表看起來很好，來嘗試逗她開心。這些「鼓舞」的言語消除了瑪琍的「受害者」地位以及使她更加消瘦的原因。

瑪琍曾經嘗試用身體來驅除她的腐敗感，例如用嘔吐來擺脫她「腐敗」的身體等等。由集中在「成為一個腐爛的蘋果」和「從恩典中墜落」的感覺，瑪琍已經可以利用K-H-T-P圖作為一個朝向健康的道路的開始經驗，最後她達到目標了。

樹長在屋頂上

當樹長在屋頂上，表示一個強烈的依附。例如可見於那些依賴家庭養育的人或者那沒有家庭而「失落」的人。正如在K-H-T-P圖12A（42頁）所示。

K-H-T-P 圖36：果子掉下來、腐爛

人在樹上

a) 坐著：通常一些人嘗試在他們的生活上「進展」，並嘗試把自己從與房子有關的期望或問題抽離（身體／家庭／權力）

　　K-H-T-P 圖37 是由二十七歲的瑪歌所畫。她已離婚並取得兒子的監護權。瑪歌正在唸研究所攻讀博士學位，她對撫養兒子有很大的矛盾。我們可以看到她正坐在兒子上方的樹枝上。她似乎在一個無法進入的房子內，正如在現實生活中她嘗試完成她研究所的課程。那棵樹靠向她的兒子，這使她不能完成她的研究。樹的左邊仍然未畫好，而且是傾斜的，這可能是逃避她的兒子和家庭責任。她想跟兒子在一起，但另一方面又非常希望兒子跟他父親或她的父母住。那棵樹是不對稱的，而且瑪歌傾向她的母親責任。此刻她像一個學術象牙塔樹屋裡的隱士。瑪歌正要作出一個決定，是去完成學術研究或是找一份工作照顧她的兒子。結果，瑪歌完成她的學位，同時讓她的兒子跟她的母親住。她後來再婚並且與孩子住在一起。

K-H-T-P圖37：人在樹上——坐著

b)搖盪著：可以從人在其上盪鞦韆的那根樹枝得到一些提示，
表示她在那裡集中她的力量。鞦韆代表張力，亦代
表封閉／孤立，使那人能夠集中在她生命中這根樹
枝上。

　　K-H-T-P 圖38是由三十二歲的珍所畫。珍是一個平衡的女
人，她對自己有無數的計畫和盼望。然而她有一個兒子常被她
那從越戰退伍的丈夫毆打。她的鞦韆在一根指向房子的樹枝
上。她一直費盡心思照顧她的兒子，使她的家庭有秩序。集中
在家庭和生命的一根樹枝上，減低了珍在遠離家庭的樹枝的力
量。樹幹往房子的相反方向靠，反映出她想平衡的努力。

K-H-T-P 圖38 ：人在樹上——搖盪著

人的動作

　　柏恩斯和考夫曼（1972）、柏思斯（1982）及諾夫和布歐
（1985）詳盡描述了動態畫的動作。

　　這個人的動作的接受對象同樣重要，這裡有常見的 K-H-
T-P 圖的人的動作及它們的接受對象。

表4：在K-H-T-P圖常見的人的動作

砍	放風箏	睡覺
清理	傾聽	抽菸
攀登	觀望	噴霧
爬行	躺著	站立
剪	移動	日光浴
掘	粉刷	哭泣
跌倒	種植	抛擲
園藝	拿取	觸摸
懸掛	往後靠	走路
幫忙	修理	清洗
躲藏	奔跑	觀看
跳躍	大叫	工作
踢	坐著	

表5：人在K-H-T-P圖中動作的接受對象

人物	動作	接受對象
人	觸摸	樹
人	觸摸	房子
人	踢	樹
人	踢	房子
人	懸掛	在樹上
人	搖盪	在樹上
人	注視	樹
人	注視	房子
人	斜靠	在樹上
人	斜靠	在房子上
人	坐著	在樹內
人	坐著	在房子內

　　所有這些動作連同它們的煽動者和接受對象給予K-H-T-P圖分析的豐富和記分性能，是無法從分開畫的H-T-P圖中找到的。

　　從許多文化中所獲得的圖畫，我們已經發現動態家庭圖的風格（Knoff & Prout, 1985）。動態圖的風格也已經可靠地被記分（Burns & Kaufman, 1972; Knoff & Prout, 1985）。我們會在下一章裡評論K-H-T-P圖的一些風格。

第五章
K-H-T-P 圖的風格

　　投射畫的風格首先由柏恩斯和考夫曼（1972）詳細描述。在動態圖系統中，這些風格近來有更多發展和更廣泛地被柏恩斯（1982）、諾夫和布歐（1985）描述。

　　這裡有一些基本的風格可以在 K-H-T-P 圖和其他動態圖技巧（動態家庭圖和動態學校圖）看到。

在整體 K-H-T-P 圖中看到的風格

　　依附（兩個或更多人物）：共生關係最常發現，在此作畫者的生命有兩面互相糾纏，通常抑制了成長。在動態家庭圖和動態學校圖有相似的風格，把兩個人物封在一起。

　　依附（三個人物）：最常見於作畫者糾纏在一個複雜的網裡抑制了成長。「生命太複雜了」。需要簡化。

　　鳥瞰法：在整體 K-H-T-P 圖中這是罕見的風格，但是可能出現在個別的人或物上，例如人或房子。這種風格反映用疏離

法來處理焦慮，正如羅薩克墨跡畫等投射技巧看出深層的反應一樣（Burns, 1982）。

　　間隔法：在一幅圖裡意圖用一條或更多直線把物件隔開，例如人在房子內。

1. 透過間隔法，人嘗試從人群中孤立自己和退縮（包括他們的感情）（Burns, 1982; Burns & Kaufman, 1970; 1972; Reynolds, 1978）。
2. 覺得被他人拒絕或害怕別人（Burns & Kaufman, 1970, 1972, Reynolds, 1978）。
3. 否定或很難接受有影響性的感覺（Burns & Kaufman, 1970, 1972; Reynolds, 1978）。
4. 無能力開誠佈公地溝通（Reynolds, 1978）。
5. 較年幼的男孩比較大的男孩少用間隔法（Meyers, 1978）。

　　沿邊畫：這種風格的特徵是把所有物件畫在紙的邊緣上（例如：垂直的、倒過來的）：

1. 希望可以被動參與，而不需直接參與或投入（Burns & Kaufman, 1972）。
2. 防衛性的人都停留在搔不著癢處的問題或虛談上，並且抗拒投入更親密或更深的層面（Burns & Kaufman, 1972; Reynolds, 1978）。

封閉法：出現在當一個或更多的、物件（不是所有物件）被另一個物件圈起來（例如：一條跳繩、房子或是線條）：

1. 需要去孤立或挪開某些威脅性的人物（Reynolds, 1978）。

把物件畫出了紙的頂端：最常見的是樹。這與追求權力和升遷有關。亦有見於那些充滿幻想的人，他們不喜歡「腳踏實地」。

把物件畫出了紙的底端：最常見的是人。這與希望腳踏實地或「歸屬感」有關。亦有見於作畫者想「隱藏」肢體。通常是與自咎或自卑感有關。

在紙的底部畫線條和陰影：表示一個非常不穩定的家庭或渴望穩定（Burns & Kaufman, 1970, 1972）。

在紙的頂端畫線：在整幅圖的頂端畫了線，也包括了暴風雨的雲：

1. 出現急性焦慮或是廣泛性的憂慮或恐懼（Burns & Kaufman, 1972; Reynolds, 1978）。
2. 情緒困擾的男孩比情緒穩定的男孩較常在頂端畫線；柏思斯和考夫曼（1972）支持這個詮釋（Meyers, 1978）。

在紙的底部畫線：

1. 是那些來自緊張和不穩定家庭的人的特徵，需要一個穩

健的基礎或安定感（Burns & Kaufman, 1970, 1972; Klepsch & Logie, 1982; Reynolds, 1978）。

2.相對於情緒穩定的男孩，較常見於情緒困擾的男孩；柏恩斯和考夫曼（1972）有支持性的結論和詮釋（Meyers, 1978）。

在個別物件下畫線：在房子下畫線或塗陰影。線畫在人或樹下通常表示作畫者試圖去穩定他生命的這一方面。

取消已開始畫的圖並重新另畫一幅圖：作畫者被第一幅圖的內容和互動嚇怕了，並再畫一幅「較安全」的圖畫（Burns & Kaufman, 1972）。

畫樹的風格

能量的動態：正如寫字或其他投射畫技巧一樣，人在畫樹時和簽名一樣都會顯出他的風格。一些普通的風格很常出現。

樹枝

圓圈狀的動態

聯想到作畫者生命「不知所措」。他們沒有任何方向,正如他們的生命一直在「兜圈子」。一種常見的風格。

下垂的動態

聯想到作畫者的能量都往過去流動。停滯、創傷、「未完成的事」、渴望「往日好時光」都是用這種風格的人的特徵。

橫向的動態

聯想到作畫者是提供養護的、蔭庇的和「主動接觸」別人。

向上的動態

聯想到作畫者正在成長並且正在發掘「往上移」的可能性。

聯想到作畫者有很多想法但永遠不能成事。「心有餘而力不足」。

零碎的樹枝

聯想到作畫者曾經很傷心,或者在他們努力一番仍遭挫敗,而對達成目標感到無望。

折斷的樹枝

聯想到作畫者有一個明確的計畫,並且通常都能貫徹始終。

明確如路徑的樹枝

向上、向外伸展

樹幹

收窄於一點

聯想到「快崩潰」。作畫者都是專心
的而且只有一個「目標取向」。當他
們達到顛峰時，他們找不到他們想要
的並且產生幻覺和情緒低落。在自殺
的人亦可以看到這種風格。

在頂部擴展

聯想到一些人年紀越長便越活躍，並
且興趣也增加。如果他們有「路徑」
般的樹枝在頂部擴展，就變得更確
實。

在底部成長

聯想到那些退化的人，他們常常情緒
低落，並且「無任何事物可期待」。

聯想到一些人對將來抱有夢想，只把些許的能量放在過去或放在目前。

在頂部有細小的生長

聯想到充滿活力的人。

寬闊的樹幹

聯想到低能量的人，常常缺乏「生存的意願」。

狹窄的樹幹

節孔

聯想到創傷，通常在節孔的發展階段。能量在這個階段一直在轉動，如「漩渦」般的強迫思想好像要去解決問題似的。舉個例子，常見於父母離婚後的兒童所畫的樹。

沒有樹幹

見於那些情緒低落、想自殺的人，他們失去生存的意願。他們的元氣停止流動。

強調樹根

聯想到那些人剖白他們的過去（根），來幫忙釐清目前他們是怎樣的一個人。

樹葉

聯想到依賴性。

大片的樹葉

聯想到沒有養護的「尖銳」的人。

尖的樹葉

聯想到有同情心的人,他們「伸手出去碰觸」。

似手掌的葉(楓葉)

畫房子的風格

門

雙扇門

由那些喜歡在家裡雙雙對對的人所
畫。常見於成年人渴望一個伴侶或擁
有一個伴侶。

沒有把手

聯想到作畫者想要隱私,並且不希望
他們的空間被侵犯。

防盜眼

作畫者很小心或是多疑。

凹進去的或隱藏的門

聯想到作畫者小心地讓人進入他的空間。在信任他人之前可能先「測試」他們。

矮的門

聯想到那些人裝作希望別人進入他的空間,而實際上卻希望他們離去。

被很多××圍著

聯想到作畫者對於讓任何人進入他的空間都感到十分矛盾。特別可見於那些對性矛盾的女人。

窗戶

鑲了鐵枝的窗戶

當窗戶出現兩條或更多直線和橫線。這種窗戶是由那些希望他們的房子很安全的人所畫,或者是由那些認為他的房子像監獄的人所畫。

十字型的窗戶

是最常見的風格,而且沒有什麼重要性。也許有些宗教涵義。

打開的窗

通常畫在「空洞」的房子上。

大型單片玻璃窗

是由那些想開放的人所畫。在窗裡面的物件可能對於作畫者有重要意義,例如蠟燭、植物等等。

女性化、溫和或柔和的人畫圓形的
窗戶。

半圓或圓形的窗戶

如果百葉窗是關上的，可能是憂鬱。
作畫者努力不讓陽光進入屋內。

百葉窗

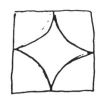

女人最常畫的一種風格。女性化的象
徵。

星星型的窗戶

常見於那些覺得自己有瑕疵甚至敗壞
的人所畫。偶爾亦見於那些想創造一
個美的氣氛的人所畫。

染色的窗戶

在下一章我們將會探索K-H-T-P圖中一些常出現的象徵。

第六章
K-H-T-P 圖的象徵

　　H-T-P的原作者布克（1948）強調圖畫的變異因素可能有正面和負面的意義。他指出，去詢問作畫者什麼東西對他有特別意義，比從理論或詮釋中強加解釋來得重要。布克也強調有些象徵可能只有作畫者才知道其特殊意思。

　　我們之前（Burns & Kaufman, 1972）曾警告不要過分詮釋圖畫象徵，就用一幅由七歲的瑪琍所畫的圖畫作為例子。在她的動態家庭圖她畫了一個自我「怕蛇」。她把蛇正好畫在腳下。雖然有「陰莖」的象徵，但瑪琍的問題不是屬於性方面的，而是蚯蚓。

　　所有象徵的詮釋是依據作畫者在畫這個象徵時的意識層面，和作詮釋的人在詮釋時的意識層面。很明顯之間有很大的誤差。

　　因詮釋者的理論架構或「理論性」偏見，所有象徵在各個層面都可能有不同的「意思」。思考一下**表6**，每一個象徵都有很多「意思」。

　　一朵花對於某一個人可能是性的象徵，但對於另一個人它

是一個創作美感的神奇過程。

表6提出在各需求層次或意識層次放置象徵的程序。

雖然把象徵的詮釋作為「普遍通用」或「原始模型」是無知和錯誤的，但我們要下些功夫去了解它們，特別是那些我們本身文化的象徵更要去了解。以下複習一些在K-H-T-P圖常見的象徵以及它們可能的詮釋或假設。

表6：馬斯洛需求層次或意識層次相關層面的象徵詮釋

象徵	需求或意識層次				
	1	2	3	4	5
空氣	生存 呼吸	有氧舞蹈 跑步 呼吸 運動 身體健康	飛行的力量 「要去征服的領域」	養育的 付出生命	光 開放 屬靈的 尋找 向外、向上
鳥	生存 逃跑 安全	食物 一頓美宴	鷹的力量 「獵物」	和平的鴿子 溫文的	翱翔 向上 自由 光明
貓	生存 「九條命」	敏感的 柔軟細緻的 肌肉 可擁抱的	強勁的獵者 牙齒 爪	安靜 鎮定 安祥	神秘 自制
顏色（紅色）	生存 「生命的」 血	興奮 「聖誕老人」 「紅旗之於公牛」	火勢 建立與拆毀	溫暖的顏色 養育、醫治 充滿活力	彩虹的一部分 醫治力量合一的象徵

（續）表6：馬斯洛需求層次或意識層次相關層面的象徵詮釋

象徵	需求或意識階次				
	1	2	3	4	5
土地	生存 紮根	「屬土的」，例如物質愉悅 尋找	權力：「我的領域、我的土地」	母親 土地 養育者	兩極創造的一部分「天際—大地」
火	嚴寒中之生存	感性的溫暖	破壞和建設的力量	養育的溫暖	創作的用途：蒸氣、蒸餾、發動
花	生存 種子	敏感的女性性的象徵	女性的原則：透過被動—接納而克服	美 愛	美與敬畏的自然創造的過程
房子	安全的地方 穩妥	「我們住的房子」，例如：身體	成就或權力的象徵	關懷、養育的地方 家人 家	顯出美創作心思、關懷、與整體融合
陰莖似的	物種的生存	感性的—享樂主義的	強權的「男性權力的象徵」	創造過程的活躍部分	創造力主動聯合女性力量 天際與大地兩極的一部分
樹	生存 根	身體 生命力	權力 體積 「強大的橡樹」	養育 蔭庇 「碰觸」	創造新的花朵、果實 養育的美和諧
水	生存 孕育期	「汁液的流動」 享樂的	「海的力量」 水擊打石	養育的 清新的 有用的	有彈性的、謙卑、安祥、鎮定

整體 K-H-T-P 圖的象徵

氣球：一個上升的象徵，需要／渴望主導權或逃脫（Burns, 1982）。

床：放置床相對而言是比較罕見的，並聯想到性或憂鬱的主題（Burns & Kaufman, 1972）。

單車：正常兒童常畫的活動（Burns & Kaufman, 1972）。當過分強調的時候，反映出兒童的（通常是男孩子的）男性化傾向（Burns & Kaufman, 1972）。

鳥：常見於那些尋求自由、逃走或向上生長的人。在有退縮傾向的作畫者，畫鳥巢是很普遍的，他們渴求有一個安全的窩。

掃帚：常出現的象徵，它指出圖中人物強調家居清潔（Burns & Kaufman, 1972）。

蝴蝶：聯想到尋求難以捉摸的愛和美（Burns & Kaufman, 1972）。

鈕扣（太大或誇張）：聯想到依賴性或未被滿足的需要。鈕扣可能畫在需要養護的人物身上（Burns 1982; Reynolds, 1978）。

貓：對母性人物感到矛盾（Burns & Kaufman, 1970, 1972）。對貓的偏見是與母親或女性人物在認同／互動中衝突

或競爭的象徵（Burns & Kaufman, 1972）。

圓圈：老是畫圓形的圖或物件。分裂性人格（Burns & Kaufman, 1972）。

雲：焦慮是有些東西「吊在頭頂上」。雲的數目通常是家人的數目或者處於三角戀愛之中。

小丑：顯示偏好小丑的兒童有明顯的自卑感（Burns & Kaufman, 1972）。常見於有憂鬱症病史的人或家中的病人決意「逗笑」家人。

嬰兒床：表示對家中（新生）弟妹的嫉妒（Burns & Kaufman, 1972）。

危險物件：普遍的危險物件如鎚子、刀，顯示憤怒（當指向一個人時）或被動侵略性（譯按：passive-aggressive 行為是：用無助的行為來駕馭他人。例如太太用大哭來使丈夫就範，順從她的意思。小孩子用哭鬧、尿床來表示不滿，使母親就範）憤怒（當非直接針對一個人時）（Burns, 1982; Burns & Kaufman, 1972）。

鼓：是兒童難以公開表達其憤怒的象徵。

花朵：代表美麗的愛和尋找／需要愛和美。畫在腰以下的花表示女性認同（Burns & Kaufman, 1972）。

垃圾：常見於一些兒童所畫的畫，他們對新生弟妹的來臨感到不安（Burns & Kaufman, 1972）。表示退化或競爭行為，通常起因於嫉妒（Burns & Kaufman, 1972）。它亦聯想到因為對（更年幼）的兄弟姊妹產生競爭和矛盾，而有顯著的內疚感

（Burns, 1982）。

　　把垃圾拿出去的人：聯想到渴望把家裡不想要的和「髒」的物件（或人）趕走。

　　熱（如太陽、火）、光（如燈泡、檯燈、水銀燈）、溫暖（如熨斗、陽光）：表示專注於或需要溫暖和愛（Burns, 1982; Burns & Kaufman, 1970, 1972）。

　　火的主題：通常合併憤怒和需要溫暖（愛）（Burns & Kaufman, 1970; Reynolds, 1978）。

　　電：非常需要溫暖、愛和權力，這些東西可能扭曲或占據那個人的思想（Burns & Kaufman, 1972; Reynolds, 1978）。需要權力和控制（Burns & Kaufman, 1972）。

　　檯燈：重視愛、溫暖和性的事情（Burns & Kaufman, 1970; 1972）。

　　馬：女孩常畫的圖（Burns & Kaufman, 1970）。

　　跳繩：在圖畫中被其他人保護、被重要的心理互動／事情所保護（Burns & Kaufman, 1972）。

　　人（不是自己）在跳繩：表示對那人有顯著的競爭和嫉妒（Burns & Kaufman, 1972）。

　　風箏（有時是氣球）：渴望逃出一個諸多限制的家庭環境（Burns & Kaufman, 1972）。一幅畫自己在放風箏，旁邊有另一個人的圖，可能特別指出那個人是嚴厲的或是掌懲罰的（Burns & Kaufman, 1972）。

　　梯子：聯想到緊張和不安定。人與梯子之間的接近度可能

指出主要的人際關係和互動（Burns & Kaufman, 1972）。

剪草機（有時是鏟子、斧頭、利器）：在男孩的畫裡，主題是競爭的象徵（通常是與父親競爭）以及被閹割的共存恐懼（Burns & Kaufman, 1970, 1972）。

1. 聯想到自我時：競爭感覺、追求獨裁、意圖操控（Burns & Kaufman, 1972）。希望自己能如願有掌權的角色（Burns & Kaufman, 1972）。
2. 聯想到其他人時：對於一個掌權者的恐懼或受威嚇的感覺（Burns & Kaufman, 1972）。

樹葉：聯想到依賴性；一個傾向於養育來源的象徵（Burns, 1982; Burns & Kaufman, 1972）。

1. 收集樹葉：從父母或重要人物中「收集」溫暖、養育或愛（Burns & Kaufman, 1972）。
2. 燒樹葉：表示依賴性的需要得不到滿足，進而成怒或變得矛盾（Burns & Kaufman, 1972）。

木條：聯想到過分強悍或男性化傾向（Burns & Kaufman, 1972）。

月亮：聯想到憂鬱（Burns, 1982）。

摩托車：聯想到權力、自主（Burns, 1982）。

數字：通常在動態圖中物件的數目是有意義的，這可以與作畫者一起發掘。四朵雲可能象徵在家庭中四個焦慮的人，譬

如，在一個瀕臨離婚的家庭的孩子的畫中，這是常見的象徵。花朵有時也代表家庭成員等等。

油漆刷子：通常是手的延伸，聯想到一個掌懲罰的人（Burns & Kaufman, 1972）。

雨：聯想到情緒低落的傾向（Burns & Kaufman, 1972）。

冰箱：聯想到剝奪和對於被剝奪的情緒低落反應（Burns & Kaufman, 1972）。冰箱的冰冷相對於光或熱的象徵（Burns & Kaufman, 1972）。

影子：這些影子可能依附於房子、樹或人。影子表示依附於特定物件的憂慮或「黑暗感」。這與雲所象徵的「自由浮動」的憂慮是相反的。

蛇：陰莖的象徵，指出性的緊張（Burns & Kaufman, 1972）。有必要與兒童所畫的蚯蚓區分（Burns & Kaufman, 1972）。

雪（和其他「冰冷」象徵）：聯想到憂鬱和自殺（Burns & Kaufman, 1972）。

星星：聯想到剝奪（身體上的或情感上的）（Burns & Kaufman, 1972）。

停止標示（還有「禁止」標示）：意圖控制衝動（Burns & Kaufman, 1972）。

電爐：關於養育和口欲（Burns & Kaufman, 1972）。

太陽：常見於幼兒的圖畫中，太陽是很典型的符號，診斷上並不重要（Burns & Kaufman, 1972）。在成人則表示需要或

堅持溫暖。

1.暗淡的太陽：聯想到憂鬱（Burns & Kaufman, 1972）。
2.依靠著太陽的人：需要溫暖和接納（Burns & Kaufman, 1972）。人物遠離太陽、靠太陽的另一邊或背向太陽都表示拒絕感（Burns & Kaufman, 1972）。

火車：當在圖畫中被誇大或強調時，表示需求的象徵或對權力的看法，常見於男孩（Burns & Kaufman, 1972）。

吸塵器：與兒童食欲被剝奪或依賴需求不滿足的歷史有關；正因如此，出現腸狀象徵（Burns & Kaufman, 1970）。權力和控制的象徵：媽媽用吸塵器，被看成是有權力或操控力的人物（Burns & Kaufman, 1972）。

水為主題（與水有關的物件的組成，如池塘、游泳池、海洋）：幻想意識（Burns & Kaufman, 1972）。聯想到顯著的情緒低落傾向（Burns & Kaufman, 1972）。

1.水上浮動的人物：通常浮動在水上的人是縛著的，或有顯著情緒低落傾向（Burns, 1982; Burns & Kaufman, 1972）。

「X」症候群：在圖中出現的物件有一個「×」嵌在物件上，透過陰影或塗黑線；或把這件物件繪在與圖中相關的人身上。

1. 意圖／需要去控制強烈的性衝動（Burns & Kaufman, 1970; Reynolds, 1978）。

2. 出現強烈的良心或超我（Burns & Kaufman, 1972）。

3. 放置「×」的位置可能定義／指明在一項衝突的力量和反力量（Burns & Kaufman, 1972; Reynolds, 1978）。

4. 可能指出一些個體是作畫者感到矛盾的（Burns & Kaufman, 1972）。

5. 需要去控制攻擊傾向（Burns, 1982）。

下一章我們將會用 K-H-T-P 作為了解和幫助人們成長的輔助工具，來探索一些個案。

第七章
K-H-T-P 圖在個別治療和家族治療之
臨床應用：個案研究

K-H-T-P 圖 39：利結，19 歲
聰穎的女人因與姊妹之競爭而妨礙了發展

　　K-H-T-P 圖 39 是由十九歲的利結所畫。利結是一個聰穎的女孩但她從未發展她的潛能。她是三姊妹中的老么。姊妹間都是競爭和嫉妒，為了那以自我為中心的父母所能分享的些微的愛而競爭。母親心理上是「其中一個女兒」。父親是一個強迫性難以親近的科學家。

　　注意那兩手垂下的自我形象之生硬表情。兩個姊姊有「悲慘」的生活，似乎是尋找同情的關注而不是尋找愛。利結兩次意圖自殺。

　　當我們看這幅 K-H-T-P 圖，我們見到兩隻貓（兩個姊姊？）在房子裡頭。貓是動態家庭圖中常見的象徵，反映出「貓型」人之間的競爭和嫉妒。垃圾桶亦是動態家庭圖常見的象徵（Burns & Kaufman, 1972），與家庭中不想要的人物有關。例如

當一個新生兒出生時，那嫉妒的兄姊常常畫一個垃圾桶，希望那不想要的競爭可以與家裡其他廢物放在一起。

利結的樹是漂亮的但成長停滯。它靠向並依附著房子。房子看似一個監獄。如果房子是完整的，它將會很大。房子和家庭以及它的傳統在這個家庭是非常強調的。

如果利結的能量集中在她生命的樹上，而不是集中在那三姊妹的「貓型」世界，利結可能會找到她天賦所需的出路。

利結對輔導有所反應並打消自殺的念頭。輔導集中在那貓兒家族中極端、常見的惡性競爭。利結過了一段頗長的時間而有所改善，但永遠未能發揮她的潛能。

K-H-T-P 圖39：利結

K-H-T-P 圖40 ：羅伯，38歲
受困擾的退伍軍人

　　K-H-T-P 圖40 是由三十八歲的羅伯所畫。圖中的月亮是一個象徵，常見於情緒低落傾向的人。羅伯曾經參與越戰，回國後與一位可愛的女士結婚並且生了一個兒子。羅伯變得像她的另一個孩子。

　　那棵樹曾經強壯過但「已死去」。樹上的節孔像一個顱骨。那「自我」非常不成熟並很稚氣。房子有雙扇門，表示羅伯渴望雙雙對對。就死的樹和不成熟的人或自我，羅伯難以脫離毒品以減輕他低落的情緒。羅伯的妻子離開他而且很怕他。窗裡面的小盆栽表示羅伯想「徘徊」在房子裡面受養育。他的動機和生命力非常薄弱而且他繼續吸毒。月亮不能溫暖羅伯的生命。在他生命的樹上顱骨繼續纏繞著羅伯。

K-H-T-P 圖40：羅伯

K-H-T-P 圖 41 ：查玲，35 歲
與兩個男人談戀愛

　　K-H-T-P 圖 41 是由三十五歲的查玲所畫。查玲已離婚並且在畫這幅圖時正考慮與兩個男人之中一個談論婚嫁。她是一個浪漫的人，擁有很多夢想和希望。她在圖中畫了不少樹，表示她無數的「生命」和能量。她的工作很成功而且是一個成功的家居女人，也很享受與別人一起。通往門口的小徑表示她希望別人進入她的世界。屋頂上有兩支冒著煙的煙囪。這些煙看似問號。在畫這幅圖的當時有一個主要的問題：兩個男人之中她會選擇誰呢？很多樹木反映出一個人對生命有很多計畫，而且有很多可選擇的職業。然而，畫這幅圖的時候她站在門的上方，考慮著要嫁給誰。

K-H-T-P 圖 41：查玲

K-H-T-P 圖 42：約翰，38 歲
追尋「成功」的工作狂

　　K-H-T-P 圖 42 是由三十八歲的約翰所畫，他形容自己是一個工作狂。無數的樹表示他各方面的「生命」。然而，沒有一棵樹的樹幹是夠寬的。他正在掘靠近的一棵樹，似乎要掘起它的根。那非常大的房子是他惹人注目的花費之一。他的妻兒在裡面受他保護。他不允許妻子去工作。房子的體積相對於人的體積似乎很值得注意。約翰非常強調具體的事物。他是有潛能去成長的，可是他一直回轉到過去，正如他在掘他的樹的根所象徵的一樣。約翰的父親是一個「工作狂」。約翰努力地工作以了解他的根，並以仿效父親來停止「取悅」他。

K-H-T-P 圖42：約翰

K-H-T-P 圖43：瑪茜，27歲
停滯在六歲大

    K-H-T-P 圖43是由二十七歲的瑪茜所畫。她曾經搬遷過，當她六歲時她從中西部搬到西岸。那個時候她的生命頗受干擾，而且她對緬懷過去有無數的感想，懷鄉病是從那個時候開始。她畫自己在房子內。環繞房子的籬笆以及那高擱的門能提供保護，這是很年幼的兒童要逃避世界的一種方法。她與一個較老的男人同居，而他就像父親一樣，基本上是一個保護者。瑪茜停滯在六歲大並且難以成長。

    在輔導中，瑪茜慢慢挪開引致她停滯在六歲大的阻礙。她得以找到一份工作但沒有離開那個較老的男人。

K-H-T-P圖43：瑪茜

K-H-T-P 圖44 ：比爾，49歲
前酒癮者，依賴妻子

　　K-H-T-P 圖44是由四十九歲的比爾所畫。他所畫的女人被描述為他的妻子。比爾曾經是個酒徒並在旅行車上生活了約六年。他的工作是成功的。然而，在家裡他依賴妻子。她是一個拯救者嘗試去拯救比爾，去拯救她親生的兒女和比爾前一段婚姻所生的兒女，他們目前都二十多歲了。

　　他們有一個二十九歲的兒子住在家裡由她「撫養」。因此，比爾並不掌管自己的生命。他把責任都推到他的妻子身上而且對她非常矛盾。一方面他需要她，另一方面又想把她趕走，因為她似乎阻礙了他的成長和發展。比爾在治療中很用功，把自己放在圖畫中而且減低對妻子的依賴。

WIFE

K-H-T-P 圖44：比爾

K-H-T-P 圖 45 ：伊凡，55 歲
刪掉過去

　　K-H-T-P 圖 45 是由五十五歲的伊凡所畫。伊凡出生在一個後來變成共產主義的國家。他年輕時很反叛，被監禁六年然後逃去美國。相對於圖中樹的節孔，一件使他全神貫注的事件，我們可見伊凡生命的一部分曾被修剪過。在這個情況下的修剪，代表著把生命中創傷的部分剪除。伊凡身上的鈕扣反映著建設性的自給自足。樹和房子是一體的，表示伊凡對他的家庭的親近。他曾為家庭付出他的一生。困境將家人凝聚一起。不幸地，伊凡有一位長期情緒低落的妻子和一個情緒困擾的兒子。他不能把自己從他們的情緒和所關注的事情抽離。伊凡是一座力量的塔，但是不能把自己從家庭的纏繞中釋放開來。在他這階段的生命他沒有再修剪了。

K-H-T-P 圖45：伊凡

K-H-T-P 圖 46 ：華夫，38 歲
萬年大學學生，崩潰了

　　華夫，三十八歲，畫了 K-H-T-P 圖 46。華夫是一所著名大學的博士候選人。在畫這幅圖的當時，華夫正進行一項與他「本行」有關的研究。他預備參加博士資格考試已多年，但因一些原因拖延了多次考試。

　　華夫是獨生子。當華夫七歲時全家人從中西部搬到加州。搬遷後不久，父母離婚而華夫跟母親住在一起。當華夫二十歲出頭時父母相繼在一年內逝世。華夫的婚姻維持了八年，沒有兒女，在畫圖時剛剛離婚。他立刻遇上另一個女人並搬到她家住。華夫的前妻抱怨華夫的能量似乎越來越少並且似乎「崩潰」了。

　　那個黑漆無面目的自我轉離房子和樹。那棵樹有一長長上尖下闊的樹幹。這種風格的樹幹聯想到那些「單一想法」和「單一目標導向」的人。華夫一直以來的目標是獲得博士學位——當達到這個目標之前其他所有的都放在一旁。畫這種樹幹的人似乎當他們繼續發展時能量越來越少。他們越來越失去對事物的興趣以致把自己悶到死。華夫在房子上畫了雙扇門，因為他「需要」另一個人他的生命中多方面支持他。什麼力量模造華夫？什麼堅持的思想使華夫朝向那越來越窄的路徑？華夫的動態家庭圖可以回答這些問題。

　　華夫被要求去「畫你的家庭每一個人包括你自己，在你七

K-H-T-P 圖46：華夫

歲時正在做些事情。嘗試畫整個人，不要畫漫畫或火柴人。記著讓每一個人都在做一些事情——某種動作。」

華夫畫了圖46A。描繪他大約七歲時的家庭。那些人都是黑漆模糊的，正如華夫在K-H-T-P圖46所畫的人一樣。那個父親在一張梯子上（通常是緊張的象徵）。那個母親正在做園藝，也許向下望著他的兒子。

那個自我的兩旁都有一個大「A」字，在動態家庭圖文獻中常被形容為學術卓越的象徵。那個母親以她的兒子為「傲」，這表示有條件的愛。如果兒子沒有讓母親「驕傲」，愛就會收回。母親催促她的兒子成為一個博士，讓她可以引以為榮。所以在三十八歲時華夫仍然一心一意的追求他的博士學位。華夫有一個堅定的想法，就是：「如果我得到博士學位，我就會快樂。」

華夫的K-H-T-P圖46揭發出他的無望和崩潰情緒。華夫的動態家庭圖給我們一些提示，他開始了那越來越狹窄的路徑。

華夫對治療反應良好。他清楚「看見」他與家庭的關係——正如他說，為他的父親作為一隻狗，又為他的母親作為一個學者。華夫與一個善解人意又成熟的女人開始一段更深入的關係。他去溜冰、跳土風舞並參加合唱團。他那狹窄、單一思想、「目標取向」的自我開闊了。當路徑擴大了，華夫有更多的能量去完成多項工作的其中之一：他的博士學位。

圖46A ：華夫的動態家庭圖

K-H-T-P 圖 47 ：瑪琍安，19 歲
青少年時長腫瘤，歇斯底里

　　十九歲的瑪琍安由一位醫生轉介過來。她兩度從卵巢部位切除兩個腫瘤，並且接受放射治療，放射治療師報告有些「瑕疵」他十分關注。醫生們都很希望見到瑪琍安能夠接受全面性治療計畫。

　　瑪琍安畫了 K-H-T-P 圖 47。整個人正在揮手打招呼。那黃色的房子充滿生氣並且「感覺到」是一個家。那棵樹是知足的但碰到房子。整幅圖反映出一個溫暖而愉悅的環境。

　　然而，那扇門被很多×包圍著。「×」這個符號在動態家庭圖文獻有詳細的討論。它表示衝突，並且用力嘗試去控制這個衝突。這扇門在這個情況是表示瑪琍安身體的入口。那些×反映她在性方面的衝突。瑪琍安從未有性經驗而且十分關注「婚前性行為」。她有一個男朋友已經交往了三年，而她十分依附他。

　　輔導瑪琍安期間，用過很多其他的投射技巧。其中之一包括用引導性想像力畫一個櫥窗（圖47A）。

　　櫥窗展示一個轉動飾物、一組玩具火車和一個魔術盒。魔術盒裡的小丑頭連在一個彈簧或一連串的×上。跟很多壓抑的人一樣，瑪琍安能夠畫出一個人的頭但否定並避免去畫一個身體。然而，在 K-H-T-P 圖47 裡的人有一個完整的身體，所以瑪琍安在正確的情況下能夠克服她的壓抑。

K-H-T-P圖47：瑪珂安

　　魔術盒裡的小丑是瑪珃安所畫的投射畫中一再重複的符號。她曾經在家庭中扮演一個小丑來逗笑情緒低落的父親。小丑的角色成了慣性角色。

　　用×和小丑兩個符號作為開始，瑪珃安解決了她的性壓抑和成為永遠「快樂」的小丑所生的憤怒。

　　瑪珃安在性方面不再太過壓抑而且丟棄了小丑的角色。她維持了一年沒有發病。當然，一個人可能同時生兩種病，舉例說，腫瘤和歇斯底里。以瑪珃安的個案，歇斯底里被「治癒」了，而腫瘤被控制了。沒有人知道究竟那歇斯底里是否與她的身體症狀有因果關係。到目前為止最能引起興趣的是假設由投射畫所反映的隔絕體內的能量與身體疾病有關係。

圖47A：瑪莉安想像中的櫥窗

第八章
結　論

　　每一幅的K-H-T-P圖都述說一個故事，並且給予一個自創可見的比喻。言語的比喻是由有限的字彙所創，而有限的字彙又由他人所創。言語的形象可能如渡輪般帶領我們經歷一個超越言語思維的海岸──在那裡一幅圖語勝過千言萬語。

　　研究K-H-T-P讓我們看見這個海岸，在那裡事物可以看得更清楚。

　　布克（1948）是一位聰明的心理分析家，把樹的象徵的共同性與普遍的人類形象及其住處連結起來，形成一個視覺比喻，凝聚了每個人對自己生命力的視野。

　　布克的H-T-P過程加上了動態層面而有生氣成為了K-H-T-P。K-H-T-P亦與動態家庭圖和動態學校圖連在一起。動態家庭圖給予自我在家庭動力中一個視覺比喻。而動態學校圖則給予我們關於自我在學校動力中的視覺比喻。結合這三種動態圖技巧所得的資料能給予我們一個由個人所創的更大的視覺比喻。

　　動態家庭圖這個方法曾在相當廣泛的研究中，由電腦分析

過其變數異性（O'Brien & Patton, 1974; Burns, 1982; Knoff & Prout, 1985）。這種電腦分析方法可能應用於其他動態圖技巧上，如K-H-T-P。

有人說圖畫是靠作畫者的技術。但已經證明（Burns, 1982）四歲的兒童可以在動態家庭圖中描繪家庭的動力。因此，任何沒有嚴重肢體殘障並有四歲智商的人是可以畫出一幅動力畫的。

發展學派以人類學家如亞伯拉罕馬斯洛的研究去分析投射技巧（Chiang & Maslow, 1969），鍾（1979）亦探索和討論過圖畫的運用和視覺比喻。

馬斯洛和鍾都從東方文化體系的內在探索如 Kundalini Yoga 的輪 (chakra) 得到靈感。chakra 的發展系統與馬斯洛的需求層次非常相似。（譯按：Kundalini Yoga 是瑜珈所謂的能量上升。一共有七個能量中心，這些能量中心叫做chakra（輪）。七輪由下而上分別是：生存、身體功能、力量、心、創造力、智慧以及精神成聖。）鍾的解夢和圖畫分析都是由東方思想取得靈感（Coward, 1985）。

投射技巧為人類潛能的內在探索留下一個主要的西方貢獻。投射技巧的應用和了解曾經因其依附在封閉系統或否定內在探索而受阻。本書有四個目的：

1. 繼續發展一個有關動態圖技巧的體系；就是把 K-H-T-P、動態家庭圖和動態學校圖形成一個更大的視覺比

喻，來了解個人在自我、家庭和學校中的能量。

2.去示範如何在個別治療和家族治療中運用K-H-T-P了解
人類。

3.作為投射技巧和發展心理學的一道橋樑。

4.作為投射技巧與東方思想的一道橋樑。

當我們開拓了影響個人力量的視野時，其他動態圖技巧可
能也在演進（Knoff & Prount, 1985）。例如：

動態事業圖（K-B-D）：指示：「畫你的上司、兩個或更
多的雇員，以及你自己在做一些事情。嘗試畫完整的人，不要
畫漫畫或火柴人。記著，使每個人都在做一些事情。」與美國
人相比，日本人如何看他的工作？這些人是上下畫還是左右
畫？述說一個怎樣的故事？你喜歡在這裡工作嗎？等等。

動態宗教圖（K-R-D）：指示：「畫你的神父（牧師、屬
靈導師等等）、兩個或更多的信徒以及你自己正在做一些事
情。嘗試畫完整的人，不要畫漫畫或火柴人。記著，使每一個
人都在做一些事情。」怎樣的宗教看起來最滋養？最使人害
怕？等等。

動態政治圖（K-P-D）：指示：「畫你的總統（總理、政
委、國王或皇后等等）、兩個或更多的市民、國民、同志等
等，以及你自己正在做一些事情。嘗試畫完整的人，不要畫漫
畫或火柴人。」什麼樣的政治體系產生完整的人？火柴人？無
五官的人？什麼體系最滋養？最具懲罰性？在體系中領袖是否

最大？體系中自我是否最大？最自由？最不憂慮？等等。

據我所知，沒有人做過這些研究。

動態圖系統包括自我（K-H-T-P）、家庭（動態家庭圖）、學校（動態學校圖）、事業（動態事業圖）、宗教（動態宗教圖）和政治（動態政治圖），可以給予我們很多有用的資料，並且改善我們對個人如何看他的世界的了解。怎樣才算健康？怎樣才是病態？全人怎樣才能被醫治？

附 錄：
H-T-P 一般和個別的特徵

所有畫圖技巧的一般特徵

這裡有一些假設是關於在投射畫技巧所用的變數：

力度的因素

不尋常的重大力度

1. 極端繃緊的個人（Buck, 1948; Hammer, 1969; Jolles, 1964; Machover, 1949）。

2. 器質性的情況，可能是腦炎或癲癇性情況（Buck, 1948; Hammer, 1971; Jolles, 1964; Machover, 1949）。

3. 自信、強大、有野心的人（Alschuler & Hattwick, 1947;

Machover, 1949）。

4.攻擊性和可能有發脾氣傾向（Petersen, 1977）。

不尋常的輕微力度

1.不能調適的個人（Buck, 1948; Hammer, 1971; Jolles, 1964）。

2.猶豫、不能作決定、畏縮、害怕、沒有安全感的人（Jolles, 1964; Machover, 1949）。

3.低能量水平（Alschuler & Hattwick, 1947）。情緒低落情況、意志缺失傾向（Buck, 1948; Hammer, 1971, Jolles, 1964）。

筆觸或線條的特徵

明顯方向的偏愛

1.強調橫向動作表示無力、害怕、自我保護傾向或是女性化（Alschuler & Hattwick, 1947; Petersen, 1977）。

2.強調直向動作表示剛烈的自信、果斷和可能過動（Aschuler & Hattwick, 1947; Petersen, 1977）。

3.強調曲線表示一個健康的人格，可能代表厭惡常規（Buck, 1948; Jolles, 1964）。

4.強調僵硬的線條表示固執或攻擊性傾向（Buck, 1948;

Jolles, 1964）。

5.不斷改變筆觸的方向表示缺乏安全感（Petersen, 1977; Wolff, 1946）。

筆觸的質感

1.確定、不猶豫、有決心的質感表示安全、鍥而不捨、有野心的人（Petersen, 1977）。

2.飄浮不定的方向、含糊的線條和斷斷續續的筆觸表示沒有安全、飄忽不定的傾向（Wolff, 1946）。

3.一直到底的直線筆觸曾被聯想到敏捷、果斷和自信的人（Alschuler & Hattwick, 1947; Hammer, 1971）。

4.斷斷續續、彎彎曲曲的筆觸表示：
- 緩慢、猶豫不決的人（Petersen, 1977）。
- 依賴、情緒化傾向（Alschuler & Hattwick, 1947; Hammer, 1971）。
- 柔弱以及順從（Alschuler & Hattwick, 1947; Machover, 1949）。

筆觸的長度

1.長筆觸表示受控的行為，有時到了壓抑的地步（Alschuler & Hattwick, 1947; Hammer, 1971）。

2.短而斷斷續續的筆觸表示衝動、興奮傾向（Alschuler & Hattwick, 1947; Hammer, 1971）。

3.非常短、畫圈圈和草圖式的筆觸表示焦慮、疑惑、憂鬱和膽怯（Buck, 1948; Hammer, 1971; Jolles, 1964）。

陰影和塗陰影的筆觸

表示焦慮（Buck, 1948; Burns & Kaufman, 1970, 1972; Hammer, 1971; Machover, 1949）。

圖畫的體積

非常大的圖畫

1.攻擊性傾向（Buck, 1948; Hammer, 1969; Machover, 1949）。

2.廣闊、誇大傾向（Machover, 1949）。

3.因無力感而表現出代價的防衛機轉（Buck, 1948; Hammer, 1969; Machover, 1949）。

4.可能過動、情緒化、躁動情況（DiLeo, 1973; Machover, 1949）。

非常小的圖畫

1.自卑、無能或匱乏（Buck, 1948; Burns & Kaufman, 1972; Hammer, 1971）。

2.拘謹、膽怯和害羞的人的退縮傾向（Alschuler & Hattwick, 1947; Buck, 1948; Hammer, 1971）。

3.缺乏安全感（Alschuler & Hattwick, 1947; Buck, 1948;
Burns & Kaufman, 1972）。

4.可能是情緒低落傾向（Machover, 1949）。

5.可能是低自我力量的薄弱自我架構（Hammer, 1971;
Machover, 1949）。

6.退化傾向（Machover, 1949）。

7.當畫在紙上高高的位置時，是低能量水平、缺乏洞悉和
不合理的樂觀（Machover, 1949）。

圖的位置

放在中間

1.正常、有安全感的人：在所有年齡層中最普遍的位置
（Wolff, 1946）。

2.在紙上的正中央，沒有安全感和頑固，人際關係上特別
頑固（Buck, 1948; Jolles, 1964; Machover, 1949）。

高擱在紙的上方

1.高層次的抱負：用功地達成艱鉅的目標（Buck, 1948;
Jolles, 1964）。

2.樂觀，通常是不合理的（Machover, 1949）。

放在紙張的低位置

1. 沒有安全感（Buck, 1948; Burns & Kaufman, 1972; Jolles, 1964）。

2. 匱乏感（Buck, 1948; Burns & Kaufman, 1972; Hammer, 1969; Jolles, 1964）。

3. 情緒低落傾向，或許有失敗主義者的態度（Buck, 1948; Hammer, 1971; Jolles, 1964; Machover, 1949）。

放在紙的邊緣或紙的最下方

1. 聯想到沒有安全感和缺乏自信而需要支持（Buck, 1948; Burns & Kaufman, 1972; Hammer, 1971; Jolles, 1964）。

2. 依賴傾向並且害怕獨立（Hammer, 1971）。

3. 逃避新經驗的傾向，或者是沈迷在幻想之中（Jolles, 1964）。

畫房子的個別特徵

煙囪

強調穩固性或體積

1. 過分關心家中心理上的溫暖（Buck, 1948; Jolles, 1964）。
2. 關心性方面的強悍性（Buck, 1948; Hammer, 1969; Jolles, 1964）。
3. 關心權力。
4. 關心觸發創造力。

沒有煙囪

1. 可能是消極狀態。
2. 在家裡缺乏心理上的溫暖（Buck, 1948; Jolles, 1964）。

門

1. 沒有門表示心理上的無法接近（Buck, 1948; Jolles,

1964)。

2.最後才畫門表示：

　・厭惡人與人之間的接觸。

　・害羞。

3.一扇非常大的門表示社交上容易接近。

4.一扇非常小的門表示：

　・不願意被接近。

　・害羞。

5.一扇側門表示逃走。

排水管和排水溝

當強調排水管和排水溝時，表示加強防衛（Buck, 1948; Jolles, 1952）。

屋頂

顯著的網狀屋頂

1.強烈的意識伴隨著內疚。

2.強調畫屋頂表示關心幻想的過度控制（Jolles, 1964）。

百葉窗

一張關上的百葉窗表示極端退縮（Jolles, 1964）。

房間

1.一般來說，房間可以由以下情況被強調或被忽略：
   - 作畫者對特別一個房間的認同。
   - 對一個房間有正面或負面的經驗。
   - 對於作畫者房間有特別的象徵意義。

2.強調浴室表示：
   - 佛洛依德的「肛門期人格」，即是吝嗇的、暴躁的和炫耀的。許多吝嗇的人坐在馬桶上許久一段時間，甚至不願意也不能放棄他們的糞便。
   - 在強迫行為的潔淨禮節上強調乾淨。
   - 一個逃避的地方和一個獲得自我照顧的地方，即花很長時間洗澡等等。
   - 一個躲藏的地方。很多過分強調畫浴室的人（如兒童）曾經歷過家庭的緊張氣氛和暴力，以致浴室成為一個退隱、安靜的地方。對於成年人，他們可以退隱到這個庇護所。

3.強調臥室可能表示：

・情緒低落的人的安全處所，在那裡看起來很安靜和整齊。

・一個進行性活動的地方。

・一個病人的地方。

4.強調餐廳和廚房可能表示一個養育的地方。口慾或依賴可能是作畫者強烈需要感情的一個特徵。

5.強調客廳可能表示一個社交的地方。

6.強調康樂室可能表示一個遊戲的地方。

7.強調工作室可能表示是一個工作狂。

8.沒有畫房間可能表示因為不愉快而不願意畫房間。

9.腐爛或骯髒表示對家庭或對自己的敵意。

貼壁紙

貼壁紙可能表示普遍沒有安全感。

灌木和花朵

灌木或花朵可能代表人（Jolles, 1964）。

染色玻璃

染色玻璃可能表示：

1.罪惡感或被「污染」。

2.對於美的屬靈探索。

階梯和走道

1.階梯或走道可能表示歡迎社交互動。「歡迎進入我的領域」。

2.由階梯引導至空的牆壁表示對接近的矛盾。

3.很對稱而輕易地畫的走道表示社交上的控制權和得體（Buck, 1948; Hammer, 1969; Jolles, 1964）。

4.長走道或長階梯引到房子前表示謹慎的讓人接近。

牆壁

1.堅硬的牆壁表示一個堅強的自我。

2.薄的牆壁表示：

　・一個薄弱的自我。

　・脆弱的自我。

3.過分強調橫向的圖表示實踐性和需要穩定。

4.過分強調直向的圖表示一個活潑的幻想生命。

5.快瓦解的牆壁表示一個分裂的人格。

窗戶

1.沒有窗戶表示退縮，可能有被害妄想傾向。

2.很多窗戶表示開放並渴望與環境接觸。

3.有窗簾的窗戶表示：

- ‧關心家的美觀。

- ‧有保留地讓人接近。

4.很細小的窗戶表示：

- ‧心理上的不容別人接近。

- ‧害羞。

畫樹的個別特徵

樹上的動物

比較罕見。每一隻動物有本身的獨特長相是作畫者可以辨別的。也許最常出現的是松鼠，通常是由那些被剝削過的人所畫，而他們因而有囤積的行為。有些依賴性的人會創造一個溫暖、保護性似子宮的環境，把那動物放在樹上的一個洞裡（Jolles, 1964）。

蘋果樹

快要掉下來或已掉下來的蘋果表示被拒絕的感覺或罪惡感。「墮落天使」症候群常見於如遭強暴後的創傷（Jolles, 1964）。

樹皮

破爛的：艱辛、風風雨雨的過去。重重的畫：焦慮。謹慎的畫：強迫性、頑固、小心地嘗試去控制強迫思想（Jolles, 1964）。

樹枝

一般的

有組織的、均衡的、恰當地形成的樹枝是嘗試去長得強勁和平衡。伸縮性的程度、體積、數量和均衡表示接觸環境以得養育和成長。

特別的

1.很仔細的絕對對稱表示一定要去控制（Jolles, 1964）。

2.不對稱地指向房子可能表示關注、對家庭的依附、安全

感。跟房子反方向表示獨立地成長，離開家庭的依附。

3. 破爛或被砍斷的樹枝表示創傷的感覺或被閹割的感覺（Hammer, 1969; Jolles, 1964）。

4. 枯死的樹枝可能表示失落感或在生命的某些分枝上的空虛感。

5. 斷斷續續的或折斷的樹枝可能表示一個愛做夢的人或一個愛幻想的人，不會規規矩矩的做事。

6. 垂下的樹枝，特別是垂柳，表示「抱歉」，而且緬懷過去。

7. 上揚的樹枝表示在環境中尋找機會。

8. 從樹幹上新生的樹枝可能表示新的希望或對可信任的環境有新的動向。

9. 相對於樹幹來說過大的樹枝表示匱乏感，並且過分追求從環境而來的滿足感。

10. 人在樹枝上盪鞦韆可能表示犧牲別人來面對生命的一個分枝時的壓力。

11. 在樹枝上的樹屋可能表示嘗試在一個可怕的環境中尋找保護。

12. 大樹幹上的小樹枝表示無法在環境中得到滿足。

13. 小山丘上的一棵樹常見於依賴母親的人。有時可見它向上長，特別是如果樹有皺紋又大的話。

14. 大的樹葉表示因匱乏感而生的依賴性（Burns & Kaufman, 1972; Burns, 1982; Jolles, 1964）。

15.樹苗表示不成熟和侵略（Buck, 1948）。

樹根

一般的

　　強調樹根表示注意過去，通常聯想到不成熟或「未了結的事情」。對自己不肯定的人常常用一些往事和過去的人物來試著去找出「他們是誰」。通常這種「回想過去」會削弱成長。

1.枯死的樹根表示對早期生命持續的情緒低落感（Jolles, 1964）。
2.爪狀樹根表示可以靠得住的人或地方。
3.樹根畫在紙的邊緣表示無安全感。需要穩定下來。

樹幹

一般的

　　據說樹幹是反映在成長和發展上的能量、重要感、性欲和生命力的感覺。樹幹上受創的標誌似乎反映經歷嚴重創傷的年齡。樹幹一直向上變窄表示生命力的減弱，是「崩潰」。

特別的

1.在樹幹上深深的塗陰影表示瀰漫著焦慮。
2.軟弱的樹幹表示被動。

3. 樹幹上的疤痕可能反映創傷的經驗（Buck, 1948; Jolles, 1964）。

4. 苗條或非常狹窄的樹幹表示不安定的調適和生命的不安。

5. 隨風擺動的樹幹表示從環境而來的壓力和緊張。

畫人的個別特徵

頭

非常大的頭

1. 高估智慧或高學術抱負（Buck, 1948）。

2. 不滿意自己的體格（Buck, 1948）。

3. 可能是器質性或一直想著頭痛（DiLeo, 1973）。

4. 可能智商偏低（Machover, 1949）。

5. 兒童畫的頭比大人所畫的大是正常的（Machover, 1949）。

非常小的頭

1. 匱乏感或無力感——智力上、社交上或性方面（DiLeo,

1973; Jolles, 1964; Machover, 1949）。

2. 自卑感或軟弱（Burns & Kaufman, 1972; Machover, 1949）。

毛髮

毛髮強調在頭、胸、鬍鬚或其他地方

1. 追求男子氣概；一直想著性的事情（Buck 1948; Jolles, 1964; Machover, 1949）。

2. 可能是自戀狂，由精緻的髮飾、標緻的捲曲和有魅力的頭髮和其他特別化妝來表達。可能身心性或氣喘情況，或是少女的自戀，也許傾向性犯罪（Buck 1948; Machover, 1949）。

沒有頭髮或頭髮稀疏

表示體力不好（Machover, 1949）。

五官

沒有五官但充分地畫身體其他部分

1. 在人際關係上表現得逃避和膚淺（Burns & Kaufman, 1972; Machover, 1949）。

2.與環境無足夠的接觸（Machover, 1949）。

3.治療的癒後不好；五官畫得滿意的表示癒後良好。

五官模糊

1.退縮傾向，特別是畫側面人像時（Machover, 1949）。

2.在人際關係上畏縮和自我警覺（Burns & Kaufman, 1972; Machover, 1949）。

過分強調和大力的畫五官

用攻擊性和社交獨裁的行為來補償匱乏感和軟弱（Machover, 1949）。

眼睛和眉毛

非常大的眼睛

1.猜疑、關係妄想或其他被害妄想特徵，也許伴隨發脾氣傾向，特別當眼睛是深色的、具威脅的或刺透性的（DiLeo, 1973; Machover, 1949）。

2.可能是焦慮，特別是塗了陰影（Machover, 1949）。

3.對於大眾意見過度敏感（Machover, 1949）。

4.過分外向（Machover, 1949）。

5.女性比男性畫大而仔細的眼睛是正常的（Machover, 1949）。

非常細小或閉起來的眼睛

1.內向（Machover, 1949）。

2.自我專注；期待的、自我反省的傾向（Machover, 1949）。

3.大眼眶中的小眼睛表示強烈的視覺好奇和內疚感，可能與偷窺的內在衝突有關（Machover, 1949）。

4.沒有瞳孔，所謂的「空眼」，表示那些內向、自我專注的人，不屑一看他們的環境，只把環境看成模糊的和無可區分的（Burns & Kaufman, 1972; Machover, 1949）。

5.「畢卡索」眼（把一隻眼睛畫在臉上不當的位置或畫在臉的中央）表示過分關注和對其他人或重要他人提高警戒（Burns & Kaufman, 1972）。

眉毛和睫毛

1.相當用心，特別是有修剪過的眉毛，可能反映對放蕩行為的批判態度，並傾向修飾和優美的儀容，也許太過整潔（Machover, 1949）。

2.掃帚般的眉毛表示傾向不修邊幅，趨向「原始、粗糙和無拘無束的」（Machover, 1949）。

3.眉毛揚起表示不屑的態度（Machover, 1949）。

4.由男人畫出細緻的睫毛，表示可能是同性戀傾向（Machover, 1949）。

耳朵和鼻子

大耳朵、加深的畫或透過透明的頭髮看得出來的耳朵

1. 可能是失聰和有關的聯想（DiLeo, 1973; Machover, 1949）。

2. 對批評很敏感（Buck 1948; Jolles, 1964; Machover, 1949）。

3. 可能是關係妄想（Buck & Kaufman, 1972; Machover, 1949）。

透過力度和體積來強調鼻子

1. 性方面有困難或怕被閹割（Buck, 1948; Hammer, 1971; Jolles, 1964; Machover, 1949）。

2. 性無能感或陽萎，特別是在老年男性中（Machover, 1949）。

3. 有鼻孔和強調鼻孔，有攻擊性傾向、聯想到有身心性氣喘跡象（Burns & Kaufman, 1972; Machover, 1949）。

嘴巴和下巴

強調嘴巴

1.退縮的防衛機轉，口欲（Burns & Kaufman, 1972; Jolles, 1964; Machover, 1949）。
2.性格上強調口欲（DiLeo, 1973; Machover, 1949）。
3.原始的傾向（Machover, 1949）。
4.可能有語言障礙（Machover, 1949）。

沒有嘴巴

1.可能是身心性呼吸或氣喘情況（Machover, 1949）。
2.可能是情緒低落情況（Machover, 1949）。
3.不願意與別人溝通（Buck, 1948）。

嘴巴的各種處置方式

1.在成年人的圖畫中有露齒的，表示幼稚、攻擊性或虐待傾向（Buck, 1948; Burns & Kaufman, 1972; Machover, 1949）。
2.嘴巴呈短而深的線條表示強烈的攻擊衝動，但是伺機報復使這個人步步為營（Machover, 1949）。
3.在側面一條直線的畫嘴巴表示相當的緊張（Machover,

1949）。

4. 寬闊的嘴形、嘴角上揚地露齒笑著在兒童的圖畫是正常
的，但是在成年人的圖畫表示被迫天生成的，和不適切
的表情（Machover, 1949）。

5. 愛神的弓型嘴巴畫在女性人像曾被聯想為早熟的少女，
以及成年人的身心性氣喘情況（Machover, 1949）。

6. 張開嘴巴表示口腔的被動性（Machover, 1949）。

7. 嘴巴裡有香菸、牙籤、菸斗等物件表示口部性愛的需要
（Machover, 1949）。

非常強調下巴

1. 可能是攻擊性、獨裁的傾向（Buck, 1948, Jolles, 1964;
Machover, 1949）。

2. 可能是強烈的衝動（Machover, 1949）。

3. 可能是軟弱感的補償（Machover, 1949）。

脖子和喉結

一般的考慮

　　脖子把頭和身體連在一起，廣泛被認為是智慧與情感之間
的連結。在詮釋人形圖時，長脖子被聯想為依賴性。一般對脖
子的詮釋都基於這個理論（Burns & Kaufman, 1972; Machover,
1949）。

非常短、粗的脖子

1.粗暴的、固執的、「牛脾氣的」(Machover, 1949)。

2.衝動傾向(Machover, 1949)。

非常長的脖子

1.有教養的、社交上拘謹的甚至是生硬、形式化、過分律
己的人。

2.依賴性(Burns & Kaufman, 1972)。

接觸的部位：手臂、手、手指、腿、腳

不尋常的手臂處置方式

通常在一幅畫中手臂的狀況和它們的位置反映出一個人的
身體與他所處環境接觸的情況和方式。

1.生硬的兩隻手臂合攏在身旁，表示一個死板、強迫性、
壓抑的性格（見219頁站姿的特徵）(Buck, 1948; Jolles,
1964; Machover, 1949)。

2.軟弱無力的手臂垂在身旁表示一般無能的性格(DiLeo,
1973; Machover, 1949)。

3.叉著腰的手臂表示相當自戀，或作「擅權」傾向
(Machover, 1949)。

4.機械式、橫向伸展或與身體成九十度角的手臂，表示一

個單純、退化的個人與他所處環境保持表面和無感情的
接觸（Machover, 1949）。

5.脆弱、軟弱、消瘦、萎縮的手臂表示身體上或心理上的
軟弱、匱乏感（Buck, 1948; Hammer, 1971; Jolles, 1964;
Machover, 1949）。

6.強化的手臂，特別強調在肌肉，表示追求身體上的力
量；當連同寬闊的肩膊時，被聯想為攻擊性、侵略性傾
向（Burns & Kaufman, 1972; Jolles, 1964; Machover,
1949）。

7.長而強壯的手臂表示希望獲得和補償性的野心，需要體
力和主動的與環境接觸（Buck, 1948; Jolles, 1964;
Machover, 1949）。

8.非常短的手臂表示缺乏野心、匱乏感而又無心奮鬥
（Buck, 1948; Burns & Kaufman, 1972; Jolles, 1964）。

9.沒有手臂表示罪惡感，同時又沒有手表示極度憂鬱、普
遍無能、不滿意環境並有強烈的退縮傾向（Machover,
1949）。

10.若畫異性時沒有畫手臂，表示這個人覺得被異性拒
絕，也許是被他的異性雙親所拒絕；偶爾也反映罪惡感
（Machover, 1949）。

11.沒有腳表示感覺不穩定或缺乏「根」（Burns, 1982）。

手

1. 模糊或暗淡的手表示在社交處境下缺乏自信，或者普遍缺乏自信或生產力，也許兩者都是（Machover, 1949）。

2. 塗黑了的手表示焦慮和罪惡感，通常關於攻擊性或自慰（Buck, 1948; Jolles, 1964; Machover, 1949）。

3. 非常大的手表示攻擊性（Burns & Kaufman, 1972）。

4. 用手蓋著陰部表示常常自慰，並且常見於性錯亂的女性的畫中（Buck, 1948; Machover, 1949）。

5. 腫的手表示受壓抑的衝動（Machover, 1949）。

6. 沒有手含有曖昧的意義，因為它們是畫人時最常缺漏之部位。然而，沒有手被聯想是匱乏感、害怕被閹割、自慰的罪惡感和器質性的情況（Buck, 1948; Hammer, 1971）。

7. 最後才畫手表示匱乏感，並且不願意與環境接觸（Buck, 1948）。

8. 手指。手指的處理通常被認為比手和手臂的處理更重要。遺傳學上，手指是畫在手掌或手臂之前端。手指直接代表接觸的部位，而且明顯地可能廣泛用來表達友善、建設性、敵意和摧毀性。

9. 似爪的、黑暗的、直線或尖尖的手指表示幼稚、原始、攻擊性傾向（Buck, 1948; Hammer, 1971; Jolles, 1964; Machover, 1949）。

10.緊握的拳頭表示攻擊和反叛（Buck, 1949; Machover, 1949）。

11.沒有手掌的手指，常見於兒童的畫。但在成年人的畫中，表示退化和幼稚的攻擊性、侵略性傾向；特別是如果在單側用力畫時（Machover, 1949）。

12.猛塗黑或強化手指，一般被認為是罪惡感，而且又常被聯想是偷盜或自慰（Machover, 1949）。

13.非常大的手指表示攻擊性、侵略性傾向（Burns & Kaufman, 1972）。

腿

1.非常長的腿表示強烈需要自主（Buck, 1948; Jolles, 1964）。

2.拒絕畫腿，通常也拒絕畫人的腰部以下，或者只素描三兩下，表示有急性的性困擾或是早洩（Jolles, 1964; Machover, 1949）。

腳

1.加長的腳被聯想是強烈需要安全感，也可能是害怕閹割（Buck, 1948; Burns & Kaufman, 1972; Hammer, 1971; Jolles, 1964）。

2.細小、特別是小小的腳被聯想是不安全、壓抑、依賴性及各方面的身心狀況（Buck, 1948; Jolles, 1964;

Machover, 1949）。

3.拒絕畫腳表示情緒低落傾向、氣餒，常見於那些退縮的病人，包括臥床的病人（Machover, 1949）。

4.沒有畫腳常見於那些離家出走的人（Burns & Kaufman, 1972）。

站姿的特徵

大的步寬

1.攻擊性的挑釁／缺乏安全感（Buck, 1948; Jolles, 1964; Machover, 1949）。

2.特別當把人畫在紙的中央時，攻擊甚至侵略性的攻擊有時被不安全感所抵銷，此時所畫的腳是小小的、塗黑的、強化的或者輕輕的畫，又或者在下面一直畫底線（Machover, 1949）。

3.當雙腳懸空而整個人形都傾斜時，是嚴重的沒有安全感和依賴性，正如長期酗酒的人（DiLeo, 1973; Machover, 1949）。

4.當一幅圖如上述第二項詮釋所描述的其線條慢慢淡出時，這可能表示歇斯底里、心理變態或是歇斯底里的心理變態（Machover, 1949）。

身體的其他部份（身軀、肩膊、乳房、腰、髖部、屁股、關節等等）

一般的考慮

以特徵來說，身體被聯想是基本的欲求。欲求的發展和活動潛能、成長與衰敗，以及對於這些情況的態度可以從一個人如何對待他的身軀看出來。因此，身體的處置是隨著年齡而有所改變。通常身軀是畫得相對地簡單，或多或少不離方形和橢圓形，與此有偏差的必須考慮是不尋常。

不尋常的處置身軀

1. 圓圓的身軀表示一個被動、攻擊性低、比較柔弱、或許幼稚、退化的性格（Machover, 1949; Petersen, 1977）。
2. 有角度的人形表示一個比較剛烈的性格（Machover, 1949; Petersen, 1977）。
3. 不成比例的細小身軀表示否定欲求、自卑，或兩者都有（Buck, 1948）。
4. 不願意把身軀畫攏表示一直在想著性的事（Machover, 1949）。

不尋常的處置肩膊

通常肩膊的處置被認為是表達需求體力的感覺。

1. 方正的肩膊表示攻擊性、敵意的傾向（Buck, 1948;

Hammer, 1971; Jolles, 1964)。

2.小小的肩膊表示自卑感(Buck, 1948; Jolles, 1964)。

3.擦拭過、強化或不肯定的畫肩膊,表示渴求健美的體格;陽剛性是主要的欲求。這些特徵可以從身心性、過度緊張的病人的畫中找到(Machover, 1949)。

4.在男性而言,雄厚的肩膊表示攻擊性傾向或對性矛盾,在沒有安全感的個人或青少年通常伴隨著補償的反應(Hammer, 1971; Machover, 1949)。

由男性畫出來非常大的乳房

表示可能有強烈的口欲和依賴性(Machover, 1949)。

穿內衣或裸體的人形

1.幼稚、性錯亂人格,穿太多衣服者亦然(Machover, 1949)。

2.偷窺傾向(Machover, 1949)。

3.暴露傾向(Machover, 1949)。

衣服太大

表示匱乏感和自我輕視(Buck, 1948; Hammer, 1971)。

透明的衣服

表示偷窺的／暴露的傾向(Machover, 1949)。

強調鈕扣

1. 依賴、幼稚、匱乏的性格（Burns & Kaufman, 1972; Jolles, 1964; Machover, 1949）。
2. 退化，特別是機械性地畫在中央（Buck, 1948; Jolles, 1964; Machover, 1949）。
3. 在衣袖上畫鈕扣，更加添了想要依賴的強烈思想（Machover, 1949）。

強調口袋

1. 幼稚，依賴型的男人的性格（Machover, 1949）。
2. 缺乏關愛或母愛，通常造成精神病傾向（Machover, 1949）。
3. 強調大口袋，青少年對男子氣概的渴求與情緒上依賴母親所引發的衝突（Machover, 1949）。

強調領帶

1. 感覺性無能，特別是在青少年和四十歲以上的男人（Buck, 1948; Jolles, 1964; Machover, 1949）。
2. 小小的、不肯定地畫，或是衰弱的領帶，表示絕望地察覺到衰弱的性欲。
3. 長而誇張的領帶表示性方面的攻擊性，或許是過分補救性無能的恐懼（Machover, 1949）。

強調鞋子

1.大的鞋子表示需要安全感（Burns & Kaufman, 1972）。
2.太過仔細的鞋子、鞋帶等等，是強迫性並有明顯的女性化特徵，在發育期的少女最常觀察到 （Machover, 1949）。

畫人的其他特徵

肢體「切除」或被其他物件擋著

1.否定或壓抑被擋著的部位，並且無法去「想」那些部位（Burns & Kaufman, 1970）。
2.在男孩而言，與父親、兄長之競爭而怕被閹割（Burns & Kaufman, 1970）。
3.較之於情緒穩定的男孩，顯著地發現情緒困擾的男孩畫這種畫比較多 （Burns & Kaufman, 1972; Meyers, 1978）。

切斷的頭

表示關心或正面對控制的事宜（Burns & Kaufman, 1972）。

劃掉和重畫整個人形

作畫者對那人的真正感覺或理想化的感覺（或者是自己，

如果是畫自我的話)(Burns & Kaufman, 1970)。

過度的擦拭

1.易變、猶豫不決、煩躁(Hammer, 1971; Machover, 1949)。

2.對自己不滿(Hammer, 1971)。

3.可能是焦慮(Machover, 1949)。

包含額外的人形

1.對家庭的干擾性影響(Reynolds, 1978)。

2.延伸家庭內的凝聚力(Reynolds, 1978)。

旋轉的人形

1.迷失方向的感覺(Burns & Kaufman, 1972)。

2.感到與別人不同(Burns & Kaufman, 1972)。

3.需要別人注意(Burns & Kaufman, 1972)。

4.感到被拒絕(Reynolds, 1978)。

5.神經方面的功能障礙(Reynolds, 1978)。

6.發現情緒困擾的男孩比情緒穩定的男孩較為常見(Burns & Kaufman, 1972; Meyers, 1978)。

塗暗了(使人形變黑)或深深的塗黑了(除頭髮以外)

1.發現情緒困擾的男孩比情緒穩定的男孩較為常見

（Burns & Kaufman, 1972; Meyers, 1978）。

2.發現年幼的男孩比年長的男孩較為少見（Meyers, 1978）。

3.中產階級的青少年常用這種風格（Thompson, 1975）。

把某個肢體塗黑

1.腦海裡盤旋著那個塗黑了的肢體（Burns & Kaufman, 1972）。

2.焦慮，或許是關於那個塗黑了的肢體或是環繞著有關那肢體的問題（舉例說，當一個身體從腰以下都塗黑了表示性欲的問題）（Burns, 1982; Burns & Kaufman, 1970）。

一般的塗陰影

1.可能是憂鬱（Burns & Kaufman, 1970）。

2.指出在某種家庭互動方式中與作畫者有重要關係的成員（Burns, 1982; Burns & Kaufman, 1972）。

3.嘗試去控制或去否定一個衝動（Burns & Kaufman, 1972）。

把一個人或物件塗黑

表示一直想著、擔心、抑壓或戀慕著這個人或物件（Reynolds, 1978）。

火柴人（所有人形都畫成火柴人）

1. 對於測驗的佈局採防衛或拒絕態度，特別當被要求要完成整幅圖時（Burns & Kaufman, 1972; Reynolds, 1978）。

2. 智商低（Reynolds, 1978）。

3. 不太合作，表示否定（Hammer, 1971）。

雪人
雪人表示情感失落。

透明物件

1. 透過衣服而露出身體的部分在成年人表示有偷窺傾向，但在兒童可能是正常的（Machover, 1949）。

2. 器質性問題（DiLeo, 1973）。

3. 扭曲現實；現實感不良，而通常是脆弱的（Reynolds, 1968）。

4. 對於年長一點的兒童和青少年可能是精神病、思想錯亂（Reynolds, 1968）。

5. 智商低（Reynolds, 1978）。

補充讀物

Atkinson, A. J. John's Family in Kinetic Family Drawings. *The Commentary.* Vol. 1, No. 3, Bountiful, Utah: Carr Pub. Co., 1977.

Barker, P. *Using Metaphors in Psychotherapy.* New York: Brunner/Mazel, 1985.

Brewer, F. L. *Children's Interaction Patterns in Kinetic Family Drawings.* Dissertations Abstracts International, 41 4253B 1981.

Jacobson, D. A. *A Study of Kinetic Family Drawings of Public School Children Ages 6 through 9.* University of Cincinnati, 1974. Available through Dissertation Abstracts. Order #73-29-455.

Johnston, D. D. *Comparison of DAF and KFD in Children from Intact and Divorced Homes.* Thesis Abstracts. San Jose: California State Univ., 1975.

Kato, T. *Pictorial Expression of Family Relationships in Young Children.* IX International Congress of Psychopathology of Expression. Verona, Italy, 1979.

Kato, T., Ikura, H., and Kubo, Y. A study on the "style" in Kinetic Family Drawing. *Japanese Bulletin of Art Therapy,* Vol. 7, 1976.

Kato, T. and Shimizu, T. The action in KFD and the child's attitude towards family members. *Japanese Bulletin of Art Therapy,* Vol. 9, 1978.

Kellogg, R. *Analyzing Children's* Art. California National Press Books, 1969.

Klepsch, M. and Logie L. *Children Draw and Tell*. New York: Brunner/Mazel, 1982.

Landgarten, H. B. *Clinical Art Therapy*. New York: Brunner/Mazel, 1982.

Lodesma, L. K. *The Kinetic Family Drawings of Filipino Adolescents*. Dissertation Abstracts International, 40 1866B 1979.

Mangum, M. E. *Familial Identification in Black, Anglo, and Chicano MR Children Using K-F-D*. Dissertation Abstracts International, 36 (11-A), 7343A 1976.

Mostkoff, D. L. and Lazarus, P. J. The Kinetic Family Drawing: The reliability of an objective scoring system. *Psychology in the Schools*, 20, 16-20, 1983.

Rama, S., Ballentine, R., and Ajaya, S. *Yoga and Psychotherapy*. Illinois: Himalayan Institute, 1976.

Raskin, L. M. and Bloom, A. S. Kinetic Family Drawings by children with learning disabilities. *Journal of Pediatric Psychology*, 4, 247-251, 1979.

Raskin, L. M. and Pitcher, G. B. Kinetic Family Drawings by children with perceptual-motor delays. *Journal of Learning Disabilities*, 10, 370-374, 1977.

Reynolds, D. K. *The Quiet Therapies. Japanese Pathways to Personal Growth*. University Press of Hawaii, 1980.

Rhine, P. C. *Adjustment Indicators in Kinetic Family Drawings by Children:*

A Validation Study. Dissertation Abstracts International. 39. (2-8).995. 1978.

Roth, J. and Huber, G. *Familiendynamik, Sonderdruck, aus Jahrgang.* Stuttgart: Klett-Cotta, 1979.

Sayed, A. J. and Leaverton, D. R. Kinetic Family Drawings of children with diabetes. *Child Psychiatry and Human Development,* 5, 40-50, 1974.

Schornstein, H. H. and Derr, J. The many applications of Kinetic Family Drawings in child abuse. *British Journal of Projective Psychology and Personality Study,* 23, 33-35, 1978.

Souza de Joode, M. O Desenho Cinetico da Familia (KFD) coma Instrumento de Deagnostico da Dinamica do Relacinonamento Familiar. *Auquivos Brasileiros de Psicologia Aplicada:* 29 (2), 149-162, Abr/Jun 1976. Rio de Janeiro, Brazil.

Straus, M. A. *Family Measurement Techniques.* University of Minn. Press, 1977.

參考書目

Alschuler, R. H. and Hattwick, L. W. *Painting and Personality. A Study of Young Children (Vol.2.).* Chicago: University of Chicago Press, 1947.

Buck J. N. The H-T-P Technique: A qualitative and quantitative scoring manual. *J. Clin. Psychol.,* 4, 397-405, 1978.

Buck, J. W. and Hammer, E. F. (Eds.) *Advances in House-Tree-Person Techniques: Variations and Applications.* Los Angeles: Western Psychological Services, 1969.

Burns, R. C. *Kinetic Family Drawings: Practice and Research Panel.* Annual Meeting of the American Association of Psychiatric Services for Children. November, 1979, Chicago. Taperecording. Audio Transcripts Ltd., New York, N.Y.

Burns, R. C. What children are telling us in their human figure drawings. *Early Childhood Educ. Council.* Vol. 11. No.3. Saskatoon, Saskatchewan, Canada, 1980.

Burns, R. C. *Self-Growth in Families: Kinetic Family Drawing (K-F-D) Research and Application.* New York: Brunner/Mazel, 1982.

Burns, R. C. and Kaufman, S. H. *Kinetic Family Drawings (K-F-D): An Introduction to Understanding Children Through Kinetic Drawings.* New York: Brunner/Mazel, 1970.

Burns, R. C. and Kaufman, S. H. *Actions, Styles and Symbols in Kinetic Family Drawings (K-F-D): An Interpretative Manual.* New York: Brunner/Mazel, 1972.

Burns, R. C. and Reps, P. Women: To need or to love? *The Tarrytown Letter,* No.52. October, 1985.

Chiang, H. M. and Maslow, A. H. *The Healthy Personality: Readings.* New York: Van Nostrand, 1969.

Coward, H. *Jung and Eastern Thought.* New York: State University of New York Press, 1985.

DiLeo, J. H. *Children's Drawings as Diagnostic Aids.* New York: Brunner/Mazel, 1973.

Frank, F. *The Zen of Seeing.* New York: Vintage Books, Random House, 1973.

Goodenough, F. L. *Measurement of Intelligence by Drawings.* New York: Harcourt, Brace and World, Inc., 1926.

Hammer, E. F. Hierarchical organization of personality and the H-T-P, achromatic and chromatic. In Buck J. N. and Hammer, E. F. (Eds.), *Advances in House-Tree-Person Techniques: Variations and Applications.* Los Angeles: Western Psychological Services,1969, pp.1-35.

Hammer, E. F. *The Clinical Application of Projective Drawings.* Springfield, IL: Charles C Thomas, 1971.

Harris, D. B. *Children's Drawings as Measures of Intellectual Maturity.* New York: Harcourt, Brace and World, 1963.

Heineman, T. *Kinetic Family Drawings of Siblings of Severely Emotionally Disturbed Children.* Thesis Abstracts. School of Social Welfare, University of California at Berkeley, 1975.

Hulse, W. C. The emotionally disturbed child draws his family. *Quart J. Child Behavior,* 3, 152-174, 1951.

Jolles, I. A *Catalogue for the Qualitative Interpretation of the House-Tree-Person (H-T-P).* Los Angeles: Western Psychological Services, 1964.

Jung, C. G. *The Portable Jung.* New York: Pegasus Books, 1976.

Jung, C. G. *Word and Image.* Bollingen Series XCVII, Princeton, NJ: Princeton University Press, 1979.

Klepsch, M. and Logie, L. *Children Draw and Tell.* New York: Brunner/Mazel, 1982.

Knoff, H. M. Justifying projective/personality assessment in school psychology: A response to Batsche and Peterson. *School Psychology Review,* 12, 446-451, 1983a.

Knoff, H. M. Personality assessment in the schools: Issues and procedures for school psychologists. *School Psychology Review,* 12, 224-232, 1983b.

Knoff, H. M. and Prout, H. T. *Kinetic Drawing System for Family and School:* A Handbook. Los Angeles: Western Psychological Services, 1985.

Koppitz, E. M. *Psychological Evaluation of Children's Human Figure Drawing.* New York: Grune and Stratton, 1968.

Machover, K. *Personality Projection in the Drawing of the Human Figure.*

Springfield, IL: Charles C Thomas, 1949.

Maslow, A. H. *Motivation and Personality*. New York: Harper and Row, 1954.

Maslow, A. H. *Toward a Psychology of Being*. New York: Van Nostrand, 1962.

Maslow, A. H. *Religions, Values, and Peak-Experiences*. Columbus: Ohio State University, 1964.

Maslow, A. H. Criteria for judging needs to be instinctoid. In M. R. Jones (ed.), *Human Motivation: A Symposium*. Lincoln: University of Nebraska Press. 1965.

Metzner, R. The tree as a symbol of self unfoldment. *The American Theosophist*, Fall, 1981.

Meyers, D. Toward an objective evaluation procedure for the Kinetic Family Drawings (K-F-D). *Journal of Personality Assessment*, 42, 358-365, 1978.

O'BRIEN, R. O. and Patton, W. F. Development of an objective scoring method for the Kinetic Family Drawing. *Journal of Personality Assessment*, 38, 156-164, 1974.

Petersen, C. S. Roots as shown in Kinetic Family Drawings. *The Commentary*, 1(3), 1-6, 1977. Bountiful UT: Carr Publishing Co.

Prout, H. T. and Celmer, D. S. School drawings and academic achievement: A validity study of the Kinetic School Drawing Technique. *Psychology in the Schools*, 21, 176-180, 1984.

Prout, H. T. and Phillips, P. D. A clinical note: The Kinetic School Drawing. *Psychology in the Schools,* 11, 303-306, 1974.

Reynolds, C. R. A quick-scoring guide to the interpretation of children's Kinetic Family Drawings (K-F-D). *Psychology in the Schools,* 15, 489-492, 1978.

Sarbaugh, M. E. *Kinetic Drawing-School (Kd-S) Technique.* Illinois School Psychologists' Association Monograph Series, 1, 1-70, 1982.

Thompson, P. L. *Kinetic Family Drawings of Adolescents.* Dissertation Abstracts. California School of Professional Psychology, San Francisco, 1975.

Wohl, A. and Kaufman, B. *Silent Screams and Hidden Cries.* New York: Brunner/Mazel, 1985.

Wolff, W. *The Personality of the Pre-School Child.* New York: Grune and Stratton, 1946.

現代生活系列

心理投射技巧分析——心理圖解手冊

作　　者 / Robert C. Burns
譯　　者 / 梁漢華、黃燦英
出　版　者 / 揚智文化事業股份有限公司
發　行　人 / 葉忠賢
總　編　輯 / 閻富萍
地　　址 / 22204 新北市深坑區北深路三段 260 號 8 樓
電　　話 / 02-8662-6826
傳　　真 / 02-2664-7633
網　　址 / http://www.ycrc.com.tw
　E-mail　/ service@ycrc.com.tw
　I S B N　/ 957-818-078-0
初版一刷 / 2000 年 2 月
初版八刷 / 2018 年 9 月
定　　價 / 新台幣 240 元

國家圖書館出版品預行編目資料

心理投射技巧分析：心理圖解手冊 / Robert C. Burns 著；梁漢華，黃璨瑛譯.-- 初版. -- 台北市：揚智文化, 2000 [民 89]

面；　公分. -- （現代生活系列；11）

參考書目：面

譯自：Kinetic-house-tree-person drawings (K-H-T-P): an interpretative manual

ISBN　957-818-078-0（平裝）

1. 心理治療

178.8　　　　　　　　　　　88016459

心理學叢書

信用卡專用訂購單

（本表格可放大重複影印使用）

- 請將本單影印出來，以黑色筆正楷填妥訂購單後，並親筆簽名，利用傳真02-23660310或利用郵寄方式，我們會儘速將書寄達，若有任何問題，歡迎來電02-2366-0309洽詢。
- 歡迎上網http://www.ycrc.com.tw免費加入會員，可享購書優惠折扣。
- 台、澎、金、馬地區訂購9本（含）以下，請另加掛號郵資NT60元。

訂購內容

書　號	書　　名	數　　量	定　價	小　計	金額NT(元)

訂購人：

寄書地址：

（A）書款總金額NT（元）：

（B）郵資NT（元）：

（A+B）應付總金額NT（元）：

TEL：

FAX：

E-mail：

發票抬頭：　　　　　　　　　　　　□二聯式　□三聯式

統一編號：

信用卡別：□VISA　□MASTER CARD　□JCB CARD　□聯合信用卡

卡號：

有效期限（西元年/月）：

持卡人簽名（同信用卡上）：

今天日期（西元年/月/日）：

商店代號：01-016-3800-5　　　　授權碼：（訂書人勿填）

版權所有　揚智文化事業股份有限公司

地址：106台北市新生南路三段88號5樓之6

TEL：886-2-23660309　FAX：886-2-23660310

E-mail：tn605547@ms6.tisnet.net.tw